主编 李炳武

丝路物语 书系

天下之中的文明记忆

河南博物院

林晓平 刘芳 著

西安出版社

U0724214

图书在版编目（CIP）数据

天下之中的文明记忆——河南博物院 / 李炳武主编
. — 西安：西安出版社, 2019.11（2021.5重印）
ISBN 978-7-5541-4354-4

Ⅰ. ①天… Ⅱ. ①李… Ⅲ. ①博物馆－历史文物－介
绍－河南 Ⅳ. ①K872.61

中国版本图书馆CIP数据核字(2019)第267868号

丝路物语 书系

天下之中的文明记忆

河南博物院

TIANXIA ZHIZHONG DE WENMING JIYI

HENAN BOWUYUAN

出 版 人：屈炳耀
主　　编：李炳武
著　　者：林晓平　刘　芳
策划编辑：李宗保　张正原
项目统筹：张正原
责任编辑：吴　革
美术编辑：李南江
责任校对：卜　源
责任印制：尹　苗
出版发行：西安出版社
社　　址：西安市曲江新区
　　　　　雁南五路1868号影视演艺大厦11层
电　　话：（029）85253740
邮政编码：710061

印　　刷：永清县晔盛亚胶印有限公司
开　　本：787 mm×1092 mm　1/16
印　　张：14.5
字　　数：150千
版　　次：2019年11月第1版
印　　次：2021年5月第2次印刷
书　　号：ISBN 978-7-5541-4354-4
定　　价：78.00元

编委会

出版人　屈炳耀

主　编　李炳武

学术顾问　郑欣淼

策划编辑　张正原

项目统筹　李宗保　张正原

编委（以姓氏笔画为序）

丁福利　王庆卫　王赵民　王　梅　卢　冬　卢　辉
田　静　申秦雁　任新来　余红健　李　彤　李　勤
肖　琦　陈　波　陈　亮　何洪岩　张志攀　张晓梅
张希玲　庞雅妮　姜　捷　贺延军　常　虹　魏乾涛

本册撰稿　林晓平　刘　芳

阅读文物　拥抱文明

郑欣淼

　　文物所折射出的恒久魅力，已为越来越多的人所认识。今天呈现在读者面前的这部"丝路物语"书系，就是这一魅力的具体体现。

　　"让收藏在博物馆里的文物、陈列在广阔大地上的遗产、书写在古籍里的文字都活起来。"（习近平语）党的十八大以来，习近平总书记担负着实现中华民族伟大复兴的历史重任，饱含着对传统文化的深厚感情，让文物活起来始终为其所关注、所思考。让文物活起来，就是深入挖掘文物的内涵，充分发挥文物的作用。中国文物是中华民族的文明印记和精神标识，是全体中国人乃至全人类的珍贵财富；它对于激发人民群众对中华优秀传统文化的了解、认同和热爱，坚定文化自信，汇聚发展力量等作用是不言而喻的。

　　近年来，一些优秀的文物类书籍、综艺节目、纪录片、文化创意产品等不断涌现，文化遗产元素成为国家外交的桥梁，文物逐渐成为"网红"并受到越来越多年轻人的青睐，这些都充分彰显着"让文物活起来"已逐渐从理念转化为行动，那些在历史长河中积淀下来的文物珍存正在不断走近百姓、融入时代、面向世界。

　　说到文物，不能不把眼光聚焦于丝绸之路。人类社会交往的渴望推动了世界文明间的相互交融和渗透，中华文明与亚、欧、非三大洲的古代文明很早就发生接触，相互影响，相互交流。直到 1877 年，德国地理学家李希霍芬在他的著作《中国——我的旅行成果》里首次提出了"丝绸之路"的概念。近半个世纪以来，随着丝绸之路考古发现和学术研究的不断深入，极大地开阔了人们的视野。特别是"一带一路"倡议的全面推进，丝绸之路研究更成为国际显学。在古代文明交流史上，丝绸之路无疑是极其璀璨的一笔。它承载着千年古史，编织着四方文明。也正因为丝绸之路无与伦比的历史积淀，形成了独特的历史文化遗产，其数量之大、等级之高、类型之丰富、序列之完整、影响之深远，都是世所公认的。神秘悠远的古代城址、波澜壮阔的长城关隘烽燧遗址、精美绝伦的艺术品、气势磅礴的帝王陵墓、灿若星辰的宫观寺庙、瑰丽壮美的石窟寺……数不清道不尽的文物珍宝，足以使任何参观者流连忘返，叹为观止。2014 年，"丝绸之路：长安—天山廊道的路网"成功跻身《世界文化遗产名录》，使丝绸之路迎来了新的历史机遇，也对广大文化文物工作者提出了新的要求。

　　"让文物说话，把历史智慧告诉人们。"这是习近平总书记的谆谆嘱托。中华文化优雅如斯，如何让文物说话，飞入寻常百姓家，是当下无数文化界人士亟待攻坚的课题，亦是他们光荣的使命。客观来讲，丝绸之路方面的论著硕果累累，但从一般读者角度，特别是从当下文化与旅游结合角度着眼的作品不多，十分需要一套全面系统地介绍丝绸之路文物故事的读物。令人欣喜的是，西安出版社组织策划了这套颇具规模的"丝路物语"书系，并由李炳武先生担任主编，弥补了这一缺憾。李炳武先生曾经长期在文物文化领域工作，也主持过"中华国宝·陕西珍贵文物集成""长安学丛书"和《陕西文物旅游博览》等大型文物类图书的编纂工作，得到了业界的充分肯定；加之丛书的作者都是有专业素养的学者，从而保证了书稿的质量。

如何驾驭丝绸之路这样一个纵贯远古到当今、横贯地中海到华夏大地的话题，对于所有编写者来说，都是具有挑战性的。这套书的优点或者说特点，可以概括为以下几个方面：

这套书最大的一个优点，就是大而全。从宏观的视野，用简明的线条，对陆上丝绸之路的博物馆、大遗址进行了全景式梳理，精心遴选主要文物，这些国宝的历史、艺术和科学价值在字里行间一一呈现。

丝绸之路文化遗产类型丰富，作者在文中并没有局限于文物本身的解读，还根据文物的特点做了大量的知识拓展，包括服饰的流变，宗教的传播，马匹的驯化，葡萄等水果的东传，纸张的发明和不断改进，医学的发展，乐器、绘画、雕刻、建筑、织物、陶瓷等视觉艺术的交互影响，等等。其中既有交往的结果，也有战争的推动。总体而言，这些内容是讲述丝绸之路时所不可或缺的内容，使读者透过文物认识了丝绸之路丰富的文化内涵。

值得称道的是，这套书采取探索与普及相结合的方式，图文并茂，力求避免学究气的艰涩笔调，加入故事性、趣味性，使文字更具可读性，达到雅俗共赏的目的。通过图书这一载体，能够使读者静静地品味和欣赏这些文物，传达出对历史的沉思和感悟，完善自己对文物、丝绸之路和文化的认知。读过这套书后，相信读者都会开卷有益，收获多多，文物在我们眼中也将会是另一番面貌。

我们有幸正处于坚持以人民为中心的改革发展伟大时代，每一件文物，都维系着民族的精神，让文物活起来，定会深入人心、蔚为大观。此次李炳武先生请我写序，初颇踌躇，披卷读来，犹如一场旅行，神游历史时空之浩渺无垠，遐思华夏文化之博大精深。兼善天下，感物化人历来是每一个中国知识分子的精神所属，若序言能为一部作品锦上添花，得而为普及民众的文物保护意识起到促进作用，何乐而不为？

是为序。

·郑欣淼·
原中国文化部副部长、故宫博物院原院长、中华诗词学会会长、著名历史文化学者。

丝路物语话沧桑

李炳武

2013 年 9 月，中国国家主席习近平访问哈萨克斯坦时，在纳扎尔巴耶夫大学发表演讲，首次提出共同构建"丝绸之路经济带"的宏伟倡议。2014 年 6 月，"丝绸之路：长安—天山廊道的路网"成功跻身《世界文化遗产名录》。

丝绸之路是世界上路线最长、影响最大的文化线路。丝绸之路是指起始于古代中国的政治、经济、文化中心——古都长安（今西安）连接亚洲、非洲和欧洲的古代陆上商业贸易路线。它跨越陇山山脉，穿过河西走廊，通过玉门关和阳关，抵达新疆，沿绿洲和帕米尔高原通过中亚、西亚和北非，最终抵达非洲和欧洲，向南延伸到印度次大陆。这条伟大的道路沟通了中国、印度、希腊三大文明，它是一条东方与西方之间经济、政治、文化进行交流的主要道路，促进了欧亚大陆不同国家、不同文明之间在商贸、宗教、文化以及民族等方面的交流与融合，为人类社会的共同发展和繁荣做出了卓越贡献。

公元前 138 年，使者张骞受汉武帝派遣从陇西出发，出使月氏。13 年中，他的足迹踏遍天山南北和中亚、西亚各地。在随后的 2000 多年间，无数商贾、旅人沿着张骞的足迹，穿越驼铃叮当的沙漠、炊烟袅袅的草原、飞沙走石的戈壁，来往于各国之间，带来了印度、阿拉伯、波斯和欧洲的玻璃、红酒、马匹，宗教、科技和艺术，带走了中国的丝绸、漆器、瓷器和四大发明，举世闻名的丝绸之路渐渐形成。

用"丝绸之路"来形容古代中国与西方的文明交流，最早出自德国著名地理学家李希霍芬 1877 年所著的《中国——我的旅行成果》一书。由于这个命名贴切写实而又富有诗意，很快得到学术界的认可，并风靡世界。

近年来，丝绸之路迎来了新的历史机遇，沿丝绸之路寻访探秘的人络绎不绝。发展丝路经济，研究丝路文明，观赏丝路文物成了新时代的社会热潮。中央文化产业发展专项资金资助项目"丝路物语"书系便应运而生。在本书和读者见面之际，作为长安学研究者、"丝路物语"书系的主编，就该书的选题范围、研究对象、编写特色及意义赘述于下：

"丝路物语"书系，以"丝绸之路：长安—天山廊道的路网"遗产及相关博物馆为选题范围。该遗产项目的线路跨度近 5000 千米，沿线包括了中心城镇遗迹、商贸城市、聚落遗迹、交通遗迹、宗教遗迹和关联遗迹五类代表性遗迹以及沿途丰富的特色地理环境。共计包括三个国家的 33 处遗产点，其中吉尔吉斯斯坦境内 3 处，哈萨克斯坦境内 8 处，中国境内 22 处。属丝绸之路东段的重要组成部分，在丝绸之路交通与交流体系中具有独特的起始地位和突出的代表性。它形成于公元前 2 世纪，兴盛于公元 6 至 14 世纪，沿用至 16 世纪，连接了东亚和中亚大陆上的中原地区、河西走廊、天山南北与七河地区四个地理区域，分布于今中华人民共和国、哈萨克斯坦共和国和吉尔吉斯斯坦共和国境内。沿线遗迹或壮观巍峨，或鬼斧神工，或华丽精美，见证了欧亚大陆在公元前 2 世纪至公元 16 世纪之间人类文明进步的重要阶段，以及在这段时间内多元文化并存的鲜明特色。

"丝路物语"书系，每册聚焦古丝绸之路上的一座博物馆、一处古遗址或一座石窟寺，力求立体全面地展示丝绸之路上的历史遗存、人文故事和风土人情。这是一套丝绸之路旅游观光的文化指南，从中可观赏到汉代桑蚕基地的鎏金铜蚕，饱览敦煌石窟飞天的婀娜多姿，聆听丝路古道上的声声驼铃。古丝绸之路是人类文明的宝贵遗产，记录着社会的沧桑巨变，这也是一部启封丝路文明的记忆之书。

"丝路物语"书系，以阐释文物为重点。文物是中华民族的精神标识。"要让收藏在博物馆里的文物、陈列在广阔大地上的遗产、书写在古籍里的文字都活起来。"这对于激发人民群众对中华优秀传统文化的了解、认同和热爱，坚定文化自信，汇聚发展力量不可小觑。

文物是不可再生的国之珍宝，从中可折射出人类文明的恒久魅力。对文化的认同感与归属感应当成为一种生活状态。我们从梳理丝绸之路沿线博物馆馆藏文物、石窟寺或大遗址为契机，从文化的立场阐释文物的历史意义，每篇文章涵盖了文物信息的描述、历史背景的介绍、文物价值的分享和知识链接等板块，在聚焦视角上兼顾学术作品的思想层与通俗作品的故事层双重属性，清晰地再现文物从物质性到精神性的深层转变，着力探讨文物作为一种精神力量对历史的思考。用时空线索描绘丝绸之路的卓越风华，为读者梳理丝绸之路的文化影响，以文物揭示历史规律，彰显更深层、更本质的文化自信，激发读者的民族自豪感。"丝路物语"书系以文物为研究对象，从中甄选国宝菁华，讲述它们的前世今生。试图让读者从中感受始皇地下军团的烈烈秦风，惊叹西汉马踏匈奴的雄浑奔放，仰慕大唐《阙楼仪仗图》的盛世恢宏，这是一部积淀文化自信的启智之作。

　　"丝路物语"书系，以互动可读为特色。在大众传媒多元数字化的背景下，综合运用现代科技的引进更能推动文化传播的演变进入一个崭新的领域，相契于文字的解读，更透出传统文化的深邃意蕴。为多维度营造文化解读的可能性，吸引更多公众喜欢文物、阅读文物，"丝路物语"可谓设计精良，处处体现出反复构思、创新的态度。设计重点关注视觉交流的层面，借助丰富的图像资料和多媒体技术大幅强化传统文化元素可视、可听、可观的直接特征，有效提升文化遗产多维度的观感效果。古人著书立说重字画兼备，"宣物莫大于言，存形莫善于画"，所以由"图书"一词合称。本书系选用了大量专业文物图片，整体、局部、多角度展示，让读者在阅读文字之余通过精美的图片感受文化的震撼与感动，让读者更好地认知历史、感知经典，体验当代创新之趣。

　　"丝路物语"书系，以弘扬互利共赢的丝路精神为使命。"丝绸之路：长安—天山廊道的路网"在东亚古老的华夏文明中心和中亚历史悠久的区域性文明中心之间建立起长距离的交通联系，在游牧与定居、东亚与中亚等文明交流中具有重要意义，并见证了古代亚欧大陆人类文明与文化发展的主要脉络及若干重要历史阶段以及突出的多元文化特征，是人类进行长距离交通、商贸、文化、宗教、技术以及民族等方面长期交流与融合的文化线路杰出范例。

2000 多年前，我们的先辈筚路蓝缕，穿越草原沙漠，开辟出联通亚欧非的陆上丝绸之路。这不仅是一条通商易货之道，更是一条文化交流之路。沿着古丝绸之路，中国将丝绸、瓷器、漆器、铁器传到西方，也为中国带来了胡椒、亚麻、香料、葡萄、石榴。沿着古丝绸之路，佛教、伊斯兰教及阿拉伯的天文、历法、医药传入中国，中国的四大发明、养蚕技术也由此传向世界。更为重要的是，商品和文化交流带来了观念创新。比如，佛教源自印度，却在中国发扬光大，在东南亚得到传承。儒家文化起源于中国，却受到欧洲莱布尼茨、伏尔泰等思想家的推崇。这是交流的魅力，互鉴的成果。这些各国不同的异质文化，犹如新鲜血液注入华夏文化肌体，使脉搏跳动更为雄健有力。古丝绸之路绵亘万里，延续千年，积淀了以和平合作、开放包容、互学互鉴、互利共赢为核心的丝路精神。

新时代、新丝路、新长安。2017 年，习近平主席在"'一带一路'国际合作高峰论坛"上指出：古丝绸之路是人类文明的宝贵遗产。为让这些遗产、文物鲜活起来，西安出版社策划出版的"丝路物语"书系，承载着别样的期许与厚望，旨在以丝绸之路的隽永品格对话当代社会的文化建构，以高度的文化自觉唤醒当代社会的文化自信。

我们作为丝绸之路起点长安的文化工作者，更应该饱含对传统文化的深厚感情，自觉担负起实现中华民族伟大复兴的历史重任，充分运用长安学的最新研究成果，为保护、研究和传承人类文明的宝贵遗产尽心尽力，助推"一带一路"伟大事业的蓬勃发展。

精品力作是出版社的立身之本，亦是文化工作者的社会担当。"丝路物语"书系的出版，凝聚着众多写作和编辑人员的思考与汗水。借此，特别感谢郑欣淼部长的热情赐序；感谢策划人、西安出版社社长屈炳耀先生的睿智选题与热情相邀；感谢相关遗址、博物馆领导的支持和富有专业素养的学者和摄影人员的精心创作；更要感谢西安出版社副总编辑李宗保和编辑张正原认真负责、卓有成效的工作。

"丝路物语"书系的出版虽为刍荛之议、管窥之见，但西安出版社聆听时代声音、承担时代使命以及致力于激活文化遗产、传播中国声音的决心定将引领其走向更远的未来。

是为序。

· 李炳武 ·

陕西省文物局原副局长、陕西省文史馆原馆长、"长安学"创始人、陕西师范大学国际长安学研究院首任院长、三秦文化研究会会长、长安学研究中心主任、著名历史文化学者。

春秋·莲鹤方壶

目录

开篇词

这里襟山带河、四通八达，被称为天下之中。奔腾的黄河，带来肥沃的土壤，孕育了华夏文明的摇篮。距今数千年前的裴李岗文化、仰韶文化就出现了发达的农业文明。在二里头文化时期，中原地区拉开王朝的序幕，并逐渐成为夏、商、周三代的政治中心和礼乐制度的发源地。东汉以降，多个朝代建都于此，多元文化汇聚交融，在漫长的历史进程中，中原地区积淀了璀璨的文明，并留下丰富的古代遗存。那些古城址、古墓、古代聚落遗址和出土的大量造型精美、存世量稀少的珍贵文物，掀开尘封的记忆，向我们讲述华夏民族的如烟往事和薪烬火传的艰难历程。

花瓣纹彩陶钵

那年花开月正圆

这件花瓣纹彩陶钵，是一件充分展示仰韶文化庙底沟类型彩陶精湛艺术的代表性器物，它将引领我们从一个侧面去了解当时人类利用自然、改造自然的心路历程。

这是一件仰韶文化时期以花瓣纹为主要纹饰的彩陶钵。在那个使用磨制石器、刀耕火种的原始农业阶段，彩陶艺术却异常活跃。人们利用自然界的黏土、水和火相互作用，形成陶器，还将对自然的崇拜融入陶器的装饰，赋予它丰富的内涵。泥与火的较量不仅产生了质的变化，更成就了艺术的升华。这件花瓣纹彩陶钵，敛口，沿外折，鼓腹，小平底，器身腹部以下骤然收敛，凸显出流畅圆婉的曲线美。陶器的彩绘技巧娴熟，装饰独具匠心，在橙红色陶衣上绘出黑彩圆点和弧边三角纹，衬托出清晰的花瓣纹，色彩对比强烈，图案连续、丰富，富有动感，是一件充分展示仰韶文化庙底沟类型彩陶精湛艺术的代表性器物，它将引领我们从一个侧面去了

花瓣纹彩陶钵

新石器时代
高20厘米，口径33.3厘米
1956年河南三门峡庙底沟村出土

解当时人类利用自然、改造自然的心路历程。

　　陶钵属于盛食器，作用类似于我们今天的碗。由于史前时期人们席地起居，日用器皿都直接放在地上，所以彩陶上的装饰花纹带都被安排在席地而坐的人容易看到的部位。这件彩陶钵的纹饰就绘在口唇以下的外壁上部，它的纹饰呈现二方连续的构图，这在庙底沟类型彩陶中很常见。二方连续图案就是以一个或几个单位纹样，在两条平行线之间的带状平面上，作有规律地排列，并以向上下或左右两个方向无限连续循环所构成的纹样。这些图案格式的形成需要多种多样的定位方法，其中尤为卓越的是以点定位法。在花瓣纹彩陶钵上很明显地可以看到有圆点按序排列，圆点之间由弧形三角纹连接，空白之处自然形成花瓣纹，且纹饰嵌套、连续、自然。二方连续构图有着循环往复、无始无终的视觉效果，在有限的空间内表达无限的理念，体现了庙底沟人对生存环境、自然万物的认识和在哲理层面的思考。

花瓣纹

　　庙底沟文化是仰韶文化繁荣时期的代表文化类型之一，距今 5000 多年。庙底沟遗址位于三门峡市区西南约 3000 米处的青龙涧河南岸，总面积约 36.2 万平方米。1956 年 9 月至 1957 年 3 月，为配合黄河三门峡大坝的建设，文化部和中国科学院考古研究所组成黄河水库考古工作队，对庙底沟遗址进行了一次大规模发掘，出土文物极其丰富。遗址内包括仰韶文化遗存 (仰韶文化庙底沟类型) 和仰韶文化向龙山文化过渡时期的遗存 (庙底沟二期文化)。其中，庙底沟类型文化的分布范围包括陕西关中、山西南部以及河南西部的广大地区，而且影响范围很广。遗址内出土有大量的石器、骨器、陶器等遗物。陶器的制作基本上是泥条盘筑，也有用手捏制的，在彩陶上主要装饰有花瓣纹、豆荚纹、网纹、窄带纹等。花瓣纹正如文中介绍的这件彩陶钵，多以弧形三角纹、圆点为母体组成，这种图案极富变化，艺术性强，它的表现形式有的是呈放射状的旋花纹，有的是叶状纹，以单叶为母体，连接起来构成图案。庙底沟彩陶一般用黑彩，个别用红彩或红黑两色，也有的会在彩绘前，先施一层白色陶衣，总体上强调黑白红三色的对比。可以想象，当时环境下，人类掌握的色彩还很单一，但就在这单调色彩中，人们发现了对比与醒目的妙处，黑与白、黑与红色彩的搭配，简洁直接，呈色更为鲜明，即便是简单的器皿也能在装点中被赋予内涵和生命力。正如许多学者所评价的，庙底沟文化的彩陶时代是东方艺术传统奠基的时代，达到了史前艺术发展的第一个高峰。

近一个世纪以来，仰韶文化遗址陆续被发掘，目前已多达5000多处，其中绝大部分为庙底沟类型。庙底沟文化发展不仅在中原地区，其文化影响北到内蒙古河套地区，南到两湖地区，西到青海、甘肃等地。以甘肃临洮县的马家窑遗址为代表的马家窑文化，据研究证明就是仰韶文化庙底沟的氏族部落向西迁移发展时与当地一种古老文化相融合而形成的，其显著特征依然是绚丽的彩陶。这说明在汉代丝绸之路形成之前，连接西北与中原之间的文化通道已经形成，它的形成时间可以上溯到新石器时代仰韶文化时期，发展路径则是由中原向西北地区延伸。此外，黄河下游的大汶口文化、北部的红山文化、长江中游的大溪文化区域都发现过具有庙底沟文化风格的彩陶。这种辐射性的影响，极有可能是因为在仰韶文化庙底沟类型时期出现了一次大规模的文化扩张和传播。2002年，国家"十五"期间的重点项目"中华文明探源工程"启动，目的就是进一步研究华夏文明孕育的过程。经探源工程证实，在公元前2500年前后，中国黄河流域和长江流域的古文明大多改变了原有的发展方向，向中原文明靠拢过来。这说明仰韶文化在长达2000年的发展进程中，不仅吸收周围诸文化的因素，又给周围文化以不同程度的影响，逐渐形成中华民族原始文化的核心部分，并在后来发展成为夏商周文明。

对于这种现象，著名考古学家苏秉琦先生认为："仰韶文化的庙底沟类型可能就是形成华族核心的人们的遗存，庙底沟类型的主要特征之一花卉彩陶可能就是华族得名的由来，华山则是可能由华族最初所居之地而得名。"也就是说以庙底沟为中心的华山广大区域曾生活着崇拜花并以花为图腾的部族，这就是花部族。花瓣纹彩陶是该部族陶器的一个重要标志。正所谓，艺术来源于生活，彩陶上的花纹应该就是部族先民在从事农业生产和生活中对自然和植物生长的观察与体会。在古文字中"华"的本义就是花，因此"花山"即"华山"，"花部族"即"华部族"。后来华部族与夏部族在中原融合，形成了华夏民族，这就是今天我们自称华夏民族的由来。

彩陶双连壶

五千年不变的情谊

这件出土于大河村遗址仰韶文化房基内的彩陶双连壶，造型别致，构思新颖，风格独特，对研究原始社会的社会形态、生活习俗和制陶艺术有重要价值。

这件彩陶双连壶，为泥质红陶，胎质细腻光洁，红衣黑彩。双壶并列，两壶均敞口，束颈，鼓腹，平底，器形两侧各有一环形耳。壶腹部满饰平行粗线条，一壶平行线间绘数组三条斜行短线，另一壶平行线间绘数组三条竖行短线，彩绘线条古朴流畅，点缀在平行线条间一竖一斜的短线，使整个器物在规整中显现生动活泼。这件精美的双连壶可不仅仅是外部并列相连，它的内部还有巧思。在两壶的腹部有椭圆形口相通，是利用了连通器的原理将两个造型一样的壶体巧妙地连接在一起。它的造型别致，构思新颖，风格独特，对研究原始社会的社会形态、生活习俗和制陶艺术有重要价值。这样独特的壶该如何使用呢？

彩陶双连壶

新石器时代
高20厘米，口径6.5厘米
1972年河南郑州大河村出土

大河村遗址房屋建筑基址

　　这件彩陶双连壶是一种饮酒器皿，应为重要礼仪场合所用，使用时两人各执一壶同时饮用。原始社会时期，部落之间为了共同的利益会选择联盟，这件彩陶双连壶是当时部落之间结盟时的饮酒用具。用双连壶共饮盟誓，化干戈为玉帛，是和平、友好、平等、团结的象征，表达了远古先民互通有无、互惠互利、你中有我、我中有你、平等和谐的思想观念，这种习俗在今天的高山族、侗族、苗族等少数民族中仍有保存。我们现在婚俗中常见的交杯酒，源于先秦，代表了夫妻共饮、喜结连理的美好寓意，它是否与双连壶的共饮结盟有着文化传承关系，还需进一步考证，但中华民族崇尚和平、团结、友好的民族精神却自古有之，传承千年，历久弥新。

　　壶在古代为水酒容器，有陶、瓷、青铜、紫砂等多种材质。最早出现于原始社会中期，流行于历史上各个时期。其造型多变，各个时期都有不同的形状流行。原始社会时期的陶壶有红陶、灰陶、黑陶、彩陶等不同品种。这件彩陶双连壶的器身施红色陶衣。陶衣是以较好的陶土或瓷土经淘洗加工，用水调和成泥浆，涂于陶器坯体表面，入窑烧成后形成，可以使陶器表面光洁美观，将彩陶花纹衬托得更加鲜明，有白、红、赭等颜色之分，最早就出现在新石器时代仰韶文化彩陶上。

大河村遗址是一处包含有仰韶文化、龙山文化和夏商时期文化遗存的大型古代聚落遗址，在考古学上属仰韶文化，被称为"仰韶文化大河村类型"。它位于郑州市东北部、中州大道与连霍高速交叉口东南，面积 40多万平方米，距今 6800 年至 3500 年。该遗址发现于 1964 年，1972 年进行首次发掘，1972—2015 年，先后进行了 25 次发掘，发掘面积 7000 余平方米，出土各类房基 50 余座、窖穴近 500 座、墓葬 400 余座，壕沟 2 条，出土陶、石、骨、蚌、角、玉质地的珍贵文物 3600 多件，各类标本 20000 余件。此遗址文化层厚度达到 12 米多，跨越 4 个文化时期，延续了 3300 年，这在国内外史前遗址中是极少见的。在这里，出土了目前国内同时期保存最为完好的房屋建筑基址，其"木骨整塑"泥墙的建筑工艺和平地起建的建筑方法，奠定了中国古代建筑尤其是传统民居的基本形制，为研究当时社会组织结构、婚姻家庭发展状况提供了重要的实物资料。现保护展示的仰韶文化房基 F1 ~ F4，是我国迄今为止发现的保存最完好的史前居住基址。它们是一组两面坡式的排房建筑，仍保留有完整的平面布局和 1 米多高的墙壁，实属罕见。这件彩陶双连壶就出土于大河村遗址仰韶文化房基 F1 内。

大河村遗址房屋建筑基址

　　大河村遗址出土有大量精美的彩陶，其中以泥质红陶为主，并有夹砂陶和夹蚌陶。主要器物有鼎、罐、盆、钵、豆、壶、杯、尖底瓶等。陶器造型规整，多数用黑色或红色绘制，有的为黑、红或棕、红双色绘制。整体风格舒朗、大气、灵活，纹样布局也多采用二方连续的形式构成，其二方连续有不少双层或多层结构，构图上松紧有度，疏密相间。这件彩陶双连壶上的直线纹和斜线纹是当时较常见的纹样，此外还有窄带纹、网格纹、弧形三角纹、梳篦纹、圆点纹、水波纹、植物纹、X纹、S纹等。特别引人注意的是当时还出现了太阳纹、星月纹等天象纹样图案，成为目前我国发现最早的天文学资料。仰韶文化时期，中原地区的先民已过着定居生活，从事农业为主、渔猎为辅的生产活动。将天象图案反映在生活用具上，说明先民对自然现象和天象规律有了一定的观察和认识，已经意识到适应和利用自然环境开发自然资源，来获取相对充足的食物和更为稳定的生活。这些彩绘是古人对原始美的创造和对美好生活的向往，他们朴实自然的记录和描绘，为后人留下了宝贵的研究资源，也让后人有机会了解先民眼中的大自然之美。

仰韶文化

仰韶文化是新石器时代中期的一种文化，因首先发现于河南省渑池县仰韶村而得名。它主要分布于黄河流域，距今 7000—5000 年，考古学上把这 2000 年的漫长历史通称为仰韶文化时期。该文化最突出的特征是出土了大量彩陶，所以，人们又将它称为"彩陶文化"。1921 年经中国政府批准，瑞典地质学家安特生和我国考古学家袁复礼一起进行了首次发掘。遗址坐落在仰韶村南边的缓坡台地上，面积约 30 万平方米，文化层堆积厚达 2～4 米。主要出土器物有石器、骨器、陶器、蚌器。特别引人注目的是陶器上精美的装饰图案，其纹饰有宽带纹、网纹、花瓣纹、鱼纹、弦纹和几何图形纹等，这些彩绘成为判别仰韶文化的重要特征。1951 年，在夏鼐先生主持下，中科院考古所对仰韶遗址进行了第二次小规模发掘。1980—1981 年，河南省文物研究所对仰韶遗址进行了第三次发掘。通过发掘，专家们从地层上发现了仰韶文化和龙山文化的直接叠压关系，得出了仰韶遗址包含仰韶和龙山两种文化的结论，在国际上引起了极大的轰动。仰韶文化成为中国考古史上第一个被正式命名的远古文化体系，纠正了"中国无石器时代"的错误认识，使世界认识到中国有自己的新石器文化。仰韶文化的发现标志着中国近代考古学的诞生。

盘鼓舞画像砖

曼妙绝伦的惊鸿一舞

罗衣从风，长袖交横。这件盘鼓舞画像砖，生动地再现了汉代女乐舞蹈的活动场面，为我们研究汉代舞蹈艺术和百戏技艺提供了形象的实物资料。

这件盘鼓舞画像砖，近方形，砖面饰有二人舞蹈。左上方有一女伎作扬袖举足踏鼓状，女子头挽高髻，身穿长袖衣，过膝裙，宽口长裤，双手舞动长袖，婀娜多姿，左腿抬起，脚下踏一鼓，右脚着地，脚边摆放六个盘。右下方一男伎裸脐屈膝，右腿弯曲，左腿跪地，双手上扬，仰面向女伎合拍作舞。此画像砖整体刻画简单朴拙，线条流畅，两舞者造型生动，舞姿舒展，节奏有度，配合默契，他们栩栩如生的形象，仿佛有澎湃的生命力涌动其中，引人注目。

汉代文化自信而奔放，乐舞艺术空前多元、雅俗共赏。流行的长袖舞、折腰舞、盘鼓舞、建鼓舞、巾舞等，艺术表现恢宏豪放、刚劲优雅、气度

盘鼓舞画像砖

东汉（25—220）

高40厘米，宽40厘米，厚6厘米

河南新野后岗村出土

万千，充满了生机活力。当时社会不仅宫廷宴享有舞蹈表演，豪门富家养有女乐，就连民间的祭祀和丧葬仪式中，也普遍有歌舞活动。汉代乐舞艺术的蓬勃发展，从汉墓出土的大量画像石、画像砖及俑、玉器、陶器、漆器、铜器、壁画中均能领略到其非凡神韵。这些文物载体中的乐舞艺术形象，直接或间接地反映了汉代社会的舞蹈艺术风貌，历史地再现了汉代舞蹈艺术的精彩内容，为后世留下了珍贵的文化艺术遗产。

盘鼓舞也称"七盘舞""踏鼓舞""折盘舞"，源自楚地，因是一种踏于盘或鼓上的舞蹈表演而得名，是汉代乐舞中典型的舞蹈代表，极受人们推崇与喜爱。盘是一种椭圆形的木盘，有盘口下扣和上敞之分，鼓比盘略高略大。据专家研究分析，汉代盘鼓舞的表演形式分为盘舞、鼓舞与盘鼓舞。盘舞即踏盘而舞；踏鼓而舞，叫作鼓舞；盘、鼓并陈即为盘鼓舞。目前考古发现的汉画像石上所呈现的踏盘为舞，数量有三、四、五、六、七盘；踏鼓为舞，鼓的数量有一鼓、两鼓的；盘、鼓相组合的，盘与鼓的排列及数量具有不确定性，有一盘一鼓，四盘两鼓，也有六盘两鼓，甚至有双人盘鼓对舞。

盘鼓舞是一种技艺极高、综合性较强的舞蹈种类。表演者既要对音乐节奏有准确的拿捏，还要有柔软的身段、敏捷轻巧的动作，以及完美的平衡技巧。在表演时常有乐器伴奏或是百戏杂技的相伴表演。舞者所踏之鼓本身也是一种乐器，起舞时舞者要穿上特制的鞋子，在盘和鼓上踏出声响，形成复杂多变的节奏，随舞扬声，和声起舞。在乐声中舞者纵横跳跃于盘鼓之间，伴以倒立击鼓、膝盖击鼓等高超动作，杂糅了杂技技艺。此外盘鼓舞还与巾舞、袖舞结合，舞者持巾或扬袖，长袖交横、轻盈飘逸、妖媚多姿。试想，舞蹈到高潮处舞者轻轻跃起，双脚离开鼓面，巾袖飞扬，飘逸灵动，似飞天仙子，如画如仙，正好迎合了当时人们对羽化升仙的向往。

东汉傅毅在《舞赋》中详尽描绘了盘鼓舞的精湛技艺："于是蹑节鼓陈，舒意自广。游心无垠，远思长想。其始兴也，若俯若仰，若来若往。雍容惆怅，不可为象。其少进也，若翔若行，若竦若倾，兀动赴度，指顾应声，罗衣从风，长袖交横。骆驿飞散，飒擖合并。飘燕居，拉沓鹄惊。绰约闲靡，机迅体轻。姿绝伦之妙态，怀悫素之洁清。修仪操以显志兮，独驰思乎杳冥。"卞兰《许昌宫赋》曰："兴七盘之递奏，观轻捷之翾翾……或迟或速，乍止乍旋，似飞凫之迅疾，若祥龙之游天。"这件盘鼓舞画像砖，与文献互证，生动地反映了盘鼓舞的表现风格和艺术特征，为我们研究汉代舞蹈艺术和百戏技艺提供了形象的实物资料。

长袖善舞

长袖善舞即以舞长袖为特征，凭借长袖交横飞舞的姿态来表达丰富的思想感情。长袖舞在秦以前已有，曾是战国时期楚国宫廷的风尚，汉人继承楚人艺术，长袖舞更为盛行。汉代舞蹈基本都是以长袖来作舞，舞袖如行云流水，千姿百态，具有相当高的难度，舞者需要具备绝佳的技巧。从古谚"长袖善舞"便可以看出古人对舞袖的喜爱与欣赏。

杂剧人物雕砖

载歌载舞 角色齐备

我国各民族地区戏曲剧种约有三百六十多种，传统剧目数以万计，在世界戏剧史上独树一帜，堪称中华传统文化之瑰宝。这组杂剧雕砖完整地向我们展现了宋杂剧的角色分类和表演特征。

杂剧是北宋时期一种重要的戏曲形式，是由滑稽表演、歌舞和杂戏组合而成的一种综合性戏曲，其角色由末泥、引戏、副净、副末及装孤组成。这组杂剧雕砖共五件，均为青砖，平面浅浮雕，它完整地向我们展现了宋杂剧的角色分类和表演特征。左起第一人，头戴东坡巾，着交领内衣，外套局领束袖长衫，腰左侧系大袋，右手执一杆，左手抬起，为末泥。第二人头戴展脚幞头，内衬交领内衣，外着局领大袖长袍，足乘靴，双手抄袖于胸前，作站立状，为装孤。第三人头戴花脚幞头，着交领内衣，外套圆领窄袖长袍，袍及地，腰束带，舒袖挥扇扭动，作舞蹈状，为引戏。第四人身着圆领窄袖长衫，下着窄裤，腰束带，右手执一条状器物，左手双指

末泥

装孤

引戏

副净

副末

杂剧人物雕砖

北宋（960—1127）

高36厘米，宽17厘米

1990年河南温县西关出土

放在口中吹哨，表情滑稽，为副净。第五人裹短脚幞头，着圆领加肩补子窄袖长袍，腰束带，双手相握于胸前，右脚前踏，左脚后蹬，面相夸张，身后有一板状物，为副末。这组宋墓出土的杂剧人物雕砖，构图匀称细密，线条简洁流畅，刻画人物姿态各异、生动传神，对研究宋代杂剧表演艺术的角色分类、典型形象、演出场景及在宋代汴京地区的流行状况具有重要意义。

温县地处河南北部，于汴京与洛阳之间的中心地带，自古热闹繁华，经济发达，夹路列店肆待客，酒馔丰溢，成为汴京周边宋杂剧演出最为活跃的地区之一，是目前中原宋杂剧雕砖出土最多的地区。温县西关出土的这组杂剧雕砖的人物形象，与1982年在温县前东南王村宋墓出土的宋杂剧雕砖和2014年在郑州发现的北宋杂剧艺人丁都赛、薛子小、杨揔惜、凹敛儿四件人物雕砖有很多相似之处。南宋文人耐得翁在《都城纪胜·瓦舍众伎》中记载："杂剧中，末泥为长，每

杂剧人物（副净）雕砖

杂剧人物（引戏）雕砖

四人或五人一场，先作寻常熟事一段，名曰艳段；次作正杂剧，通名为两段。末泥色主张，引戏色分付，副净色发乔，副末色打诨，或又添一人装孤。"学者们结合文献对河南地区出土的这些雕砖进行了比对，发现文献记载与雕砖实物形象大致吻合。

宋代杂剧在河南地区发展繁盛，大体上角色分工和排列顺序固定，打头或引戏色，或末泥色，装孤色多处于中间位置，副净色与副末色配对出现，有的还被雕于同一砖面上。各角色都有明显的特征，便于区分。末泥色是戏头，常执杆，作主持状；引戏色挥扇，作杂剧开场的舞蹈表演，"分付"其他角色上场；装孤色常见抱笏，但此套温县西关雕砖中装孤形象双手绞袖于胸前，延保全在《温县西关宋墓杂剧雕砖叙考》中认为其手中的笏是被副末色开玩笑拿了去，被别在腰后；副净与副末配对为滑稽角色，在表演中负责"发乔""打诨"，装呆卖傻、讽刺嘲笑，间用木板、皮棒槌等道具打闹，制造喜剧效果。

杂剧人物（装孤）雕砖

副净的特色动作是打口哨,副末常手持木板、皮棒槌等。宋杂剧表演融舞蹈说唱、表演故事、滑稽调笑为一体,演出一般分为艳段、正杂剧、杂扮三个部分。艳段是杂剧的开场;正杂剧演出故事的主要情节,是全剧的高潮;杂扮由滑稽演员扮演,作为全剧的结尾。这种三段式结构的表演是宋杂剧的一大特点。

温县西关宋墓中,除了出土这五个杂剧角色外,还发现有完整的伴奏乐队雕砖。杂剧人物雕砖和乐队人物雕砖分别镶嵌在墓室的西北壁和东北壁上,形制大小相同,说明它们并不是孤立的,而是相互呼应,表现了一个完整的场景。王国维考证"其用大曲者一百有三,用法曲者四,用诸宫调者二,用普通词调者三十有五"。可见宋杂剧表演中有相当一部分有伴乐,偏重于歌舞的杂剧表演其乐队作用更甚。据考证,宋杂剧中的大曲表演,实际上是运用大曲的乐调,表演带有一定情节的故事,也被称之为"乐剧"。

中
国
民
族
戏
曲

中国民族戏曲,经历了先秦的俳优、汉代的百戏、唐代的参军戏、宋代的杂剧、南宋的南戏、元代的杂剧,直到清代地方戏曲空前繁荣和京剧的形成。历史上最先使用戏曲这个名词的是宋刘埙在《词人吴用章传》中提出"永嘉戏曲",也就是后人所说的"南戏""永嘉杂剧"。从近代开始,才把"戏曲"用来作为中国传统戏剧文化的通称。中国戏曲与希腊悲剧和喜剧、印度梵剧并称为世界三大古老戏剧文化。

七层连阁彩绘陶楼

两千年前也有立交桥

复道行空，不霁何虹？秦汉早期的阁道或复道虽然历史文献记载很多，但真正的实物却未曾见过。这座七层陶仓楼的发现，为我们了解当时的建筑风貌提供了极为宝贵的实物资料。

今天的都市生活，高楼林立，霓虹闪烁。交错的立交桥、繁忙的轨道交通为生活注入了源源不断的速度与激情。人们习以为常，认为这就是现代化的成果，我们自信身处最先进、文明的时代。但当这座高近 2 米的七层连阁彩绘陶楼矗立在眼前时，人们不禁惊呼：原来，2000 年前也有立交桥！

这座陶楼是反映汉代庄园经济文化的建筑明器。明器，即冥器，是专为死者随葬而制作的器皿。它可以分拆组装，由院落、主楼、附楼、阁道四大部分 30 个构件组成。院落坐于主楼之前，三面用墙围成，前墙正中央开一横长方形大门，置双扇门扉，门轴上下两端均套入伏兔，可启闭，

七层连阁彩绘陶楼

东汉（25—220）
高175厘米，面阔87厘米，进深78厘米
1988年河南焦作墙南村出土

门口下部正中有凸起的止扉石。两侧门框上各置一挑梁，上置斗拱，承托悬山顶，作瓦垄。院内卧一陶狗。主楼为七层四重檐楼阁式建筑。第一、二层为一整体，呈长方体形，一层无门，中部设平座，下置斜坡式楼梯可由院内通向平座。前壁开四个方形窗和出挑斗拱。第三层下附一四面皆通的平座，前壁左开一竖长方形门，无门扉，右边开一正方形小窗，中部出挑梁，上置斗拱，四角亦斜出挑梁，右山墙开方形洞孔，以安装阁道榫头。第四到七层每层均开有门或窗，无门扉，其他还设有平座、斗拱、楼板等。附楼在主楼的右侧，为单檐四层建筑，整体造型呈覆斗状，每层与主楼层高一致。主楼与附楼第三层之间横架一个长方形阁道，上覆两坡顶，顶上作瓦垄，阁道作用酷似今天的立交桥、天桥，实为设计亮点。陶楼的主楼

高大雄伟，附楼挺拔秀丽，阁道横架其间，将二者巧妙地连为整体，设计精巧，结构复杂，是汉代"复道行空"高超建筑技术的真实写照。而陶楼通体用白、红、黄等色彩绘制出几何纹图案，华美庄重，也体现了中国古代绘画艺术与建筑艺术的融合。

河南出土的大量建筑明器以及画像砖和陶俑群，生动地反映了地主庄园经济发展的盛况。当时的河南是汉代政治、经济、文化发展的中心地区，东汉刘秀建都于洛阳，汉代的许多达官显贵也居于河南，因此河南地区的营造业成就尤为突出，都城、宫殿、陵墓和园囿等建筑气势恢宏，风态万千，形成了中原地区建筑艺术史上的一个高峰。但由于时代久远，木构建筑难以保存，石阙建筑残缺不全，而埋藏于这片土地下的大量建筑明器，成为再现汉代建筑辉煌的重要物证。汉代厚葬之风盛行，"事死如生"的观念强烈，墓室随葬品多是主人生前使用或者喜欢的器物，随葬建筑明器品种多样、功能齐全、制作精巧、装饰华美，直观、真实地反映了2000年前建筑的发展水平，对于研究汉代建筑艺术有着重要的价值。

汉代建筑明器虽不及实体那么雄伟壮观，但多仿制实物制作，布局严谨，造型多样，梁拱结构精妙奇巧，也不失其风采，充满着浓郁的生活气息。这些建筑明器形式多样，有院落、仓楼、平房、楼院、水榭、戏楼、望楼、宫阙、磨坊、作坊、厕所、猪圈、水井等类别。就功用来看，这座七层连阁彩绘陶楼属于仓楼，用于储藏粮食作物，即粮仓。汉人将生时拥有的粮仓建筑做成明器随葬墓中，有抚慰死者、事死如生、祈求吉祥之意。仓楼为保障粮食的储藏环境，所以在设计中独具特点。如通常楼体下部较封闭，下设基座或矮足，加人建筑离地面的高度，防水防潮；设有通风的窗户或气孔，以防粮食发霉；屋檐宽大、前伸，便于遮阳挡雨等。这些都与前文所描述的七层连阁彩绘陶楼的建筑特征相吻合。据考古发现，汉墓出土的一些陶仓里还盛有黍、稻、粟、豆、稷等农作物的外壳，有些仓外还题记"稻种万石""粱米万石""大麦万石"等隶书文字。在密县打虎亭1号画像石墓的南耳室，有一幅大型收租图。图中有高大的重层仓楼，楼上有人执弓弩守卫，楼梯上有人背粮登梯，楼前有纳粮验收、装袋和监视等人物活动场面，生动地再现了汉代庄园地主收粮入仓的情景。

中国历来以庭院建筑著称，但实际上中国的高层建筑历史也很悠久，它的风采毫不逊色于庭院建筑。据古代文献记载，商纣王在宫中建造很高的塔楼，好像能够得着天上的星星一般，因此取名"摘星楼"，今仍存摘星台。秦汉时期，随着砖木结构建筑水平的提高，多层楼阁随之兴盛。秦代建造的鸿台高 40 丈，汉武帝时期建造的通天台高 20 丈，凤阙楼高 25 丈。汉代的 1 丈约合今天的 8 尺多，以此推算 25 丈约合今天的 70 米高，相当于 20 多层的高楼，如此高楼出现在两千年前的汉代，其景象何其壮观。这座七层连阁彩绘陶楼虽然看不出它的实际高度，但根据唐宋多层建筑的间距，结合古文献记载进行推测，作为实体建筑，它的高度可能接近 30 米。更精彩之处是其主楼与附楼之间的长廊式阁道，将两座建筑连在一起，等于在两个高层建筑之间架设了一条空中通道，便于通行，形成了壮观的组建筑群。正像唐朝著名诗人杜牧在《阿房宫赋》里所赞美的那样："复道行空，不霁何虹？"横跨两楼的阁道竟如彩虹般壮观美好。秦汉早期的阁道或复道虽然历史文献记载很多，但真正的实物却未曾见过。这座七层陶仓楼的发现，为我们了解当时的建筑风貌提供了极为宝贵的实物资料。

彩绘三进陶院落

一睹千年豪宅

这件彩绘三进陶院落是我国目前出土的合院建筑明器中当之无愧的精品之作。它反映了汉代河南地区建筑明器的烧造水平以及庄园经济的发展，为我们呈现了一幅富有生活气息的美丽画卷。

中国素以庭院建筑著称，汉代是中国建筑发展的第一个高潮时期，此时的庭院建筑一般由庭堂和院落组成，多采用合院布局。一提到合院，人们很容易想到熟知的老北京四合院，它就是一种传统的合院式建筑，院子四面建有房屋，从四面将庭院合围在中间，故名四合院。合院建筑的特点是它的平面形式和空间布局完整、有序，既有利于安全，又分区明确，减少互相之间的干扰，形成了清净宜居的居住环境。同时它还兼顾中国传统思想中的长幼有序、内外有别、尊卑有定及阴阳五行学说，因此流传至今，成为传统居住建筑的经典。河南出土两汉时期的建筑明器中合院建筑类型较多，主要分为围合成"口"字的一进院落，围合成"日"字的两进院落，

彩绘三进陶院落

汉（前206—220）
长130厘米，宽114厘米
1981年河南淮阳于庄村出土

围合成"目"字的三进院落，其余均是在这三种形制上的演化。

这座河南淮阳出土的彩绘三进陶院落，是我国目前发现较早的三进四合院组建筑明器，由庭院和田园两部分组成，组合附件多达 66 件。庭院分前院、中庭及后院，前院大门为悬山顶，"品"字形瓦脊，双扇门扉掩合，大门外两侧有彩绘人物壁画，门内右侧放一长方形槽，门庭两侧为马厩。中庭门楼由一排连阁望楼组成，两侧有长廊，设计新颖别致。中庭的主体建筑为两层重檐庑殿顶高楼，建于高台之上，前置台阶，直达殿内，建筑的下层较高大，内有礼器和一组 6 件乐俑，乐俑身着长衣，一俑双手捧乐器埙，其余分别作弹琴、吹笙、击掌等姿势，在乐俑的前面放有耳杯、

前院大门悬山顶

中庭主体建筑重檐庑殿顶

陶盘等。后院均为悬山式建筑，有住房、厨房、厕所、猪圈等。田园位于庭院的西部，有围墙封闭，院内有田地，田地中部有一井，可提水，通过沟畦自流灌溉。整座建筑规模宏大、结构复杂、错落有致，内设物件形象逼真，是当时地主庄园经济发展的真实写照。

　　庄园经济在汉代社会生活中占有重要地位。庄园内往往有一套自给自足的生产体系，庄园主可以同时从事农、林、牧、副、渔等多种经营，有的还从事商业。庄园内除了主人家眷外，还有家兵护院，有奴婢耕作劳动，有伎乐、俳优表演娱乐，呈现一番太平盛世、安居享乐的景象。这组彩绘三进陶院落明器，不仅形制高大，内部构件也很丰富精巧，除前院马厩、中庭乐俑之外，在后院厨房还置有灶、釜、案，猪圈内有一头猪和食槽，非常生动，富有生活情趣。田园部分刻画水田、旱田兼具，水井、灌溉沟和土埂清晰可见，说明当时地主庄园井灌系统的流行，这也印证了汉代我国的北方地区，井灌在农田水利灌溉中发挥着重要的作用。

汉代陶院落在全国范围内都有出土，但河南出土最多，艺术价值极高。汉代河南陶瓷技艺已达到了相当高的水准，其建筑明器的烧造在汉代大气磅礴的社会文化孕育之中，以反映现实，追求简朴古拙、雄浑豪放又饱含活力的艺术风格而引人注目。汉代建筑明器多采用灰陶和红陶制成，少数用薄釉装饰，有的明器表面还附着鲜艳的彩绘，绘制内容有的为富有规律的装饰性图案，有的则是具有记事作用的图画。明器各建筑部件都表现得十分清楚，屋顶样式、梁柱、斗拱、平坐、勾栏、门窗、脊饰、瓦件等各个部件具体而"实用"，通过装饰图案等效果使建筑材料的质感也表现到位，明器内点缀的人物和动物陶塑生动鲜活。汉代为了烧制出器形高大、复杂的陶建筑明器，已经能够使用高超的拼接组装技术。先制作出各结构部件，然后进行组装，入窑烧制。过程看似简单，实则极为考验工匠的技艺。因各构件形状有别，烧制工艺和时间要求不同，陶的收缩率也不一致，最终能够达到完整划一的整体组装，需要对陶体各个部分的形状大小进行高度精准地把握方可实现，其精湛技艺和艰辛令人慨叹。

这件彩绘三进陶院落是我国目前出土的合院建筑明器中当之无愧的精品之作。它反映了汉代河南地区建筑明器的烧造水平以及庄园经济的发展，为我们呈现了一幅富有生活气息的美丽画卷。任思绪飞溯，穿越千年，想象在汉代这座陶院落的真实所在会是怎样的一番景象？是否庄园主高坐厅堂，不怒自威；仆从、奴婢们上下奔忙、耕作劳碌；伎乐表演，欢快惬意；家兵忠于职守，谨慎护院；孩童三五成群，嬉嬉玩闹……在这座热闹的院落中，穿越而来的你，将扮演怎样的角色？开启怎样的生活呢？

庑殿顶

庑殿顶即庑殿式屋顶，宋朝称"庑殿"或"四阿顶"，清朝或称"五脊殿"。是中国各屋顶样式中等级最高的，高于歇山式。在殷商的甲骨文、周朝的青铜器、汉朝画像石与明器、北朝石窟中都可发现庑殿顶。汉朝的阙楼和唐朝的佛光寺大殿是现存最早的庑殿顶建筑。明清时只有皇家和孔子殿堂才可以使用，但闽东沿海地区的民居因为防风需要也会用平缓的庑殿顶。庑殿顶是"四出水"的五脊四坡式，由一条正脊和四条垂脊共五脊组成，因此又称"五脊殿"。由于屋顶有四面斜坡，故又称"四阿顶"。这种殿顶构成的殿宇平面呈矩形，面宽大于进深。庑殿顶又分为单檐和重檐两种，重檐庑殿顶，是在庑殿顶之下，四角各加一条短檐，形成第二檐。现存的中国古建筑中，故宫的太和殿，武当山金顶，明十三陵长陵祾恩殿就是重檐庑殿顶，而故宫的英华殿、弘义阁则为单檐庑殿顶。由于重檐庑殿顶特殊的政治地位决定了它用材硕大、体量雄伟、装饰华贵富丽，具有较高的文物价值和艺术价值。

釉陶桃都树
一个汉代的传说

这株用于随葬的釉陶桃都树，代表了当时陶器施釉工艺的最高水平，汉代匠人以其丰富的想象力和高超的技艺赋予了神树质朴的韵味和生动的活力。

"东南有桃都山，上有大树，名曰桃都，枝相去三千里，上有一天鸡，日初出，光照此木，天鸡则鸣，群鸡随之鸣。"这是东晋作家郭璞在他所著的志怪小说《玄中记》中所描述的。意思是，传说中有一株桃都树，因生长在桃都山上而得名，树顶栖息着天鸡，清晨初升的太阳照耀神树，树上的天鸡即报晓鸣叫，世间所有的公鸡随之鸣叫。此外，据传说树下还有两位守护桃都树的神人，名叫隆和魃……怪诞、唯美的传说总是吸引人的，而真正去欣赏一件与传说吻合的文物则更有意思。

这是一件河南济源泗涧沟汉墓出土的釉陶树，它通体施红、绿釉，上半部呈暗绿色，下半部为红褐色。树座为三角锥形，周围塑有山峦、草木、

釉陶桃都树

西汉（前206—25）

高64厘米

1969年河南济源泗涧沟汉墓出土

奔獐、狒狒、飞蝉等，还塑有三个姿态不同的裸体人。树干挺拔，树枝九出，枝上有小鸟、猴等，枝端叶子上翘，叶上有花和蝉。树顶站立一只头上有冠、长颈、身躯直竖的鸡。郭沫若先生经过反复考证认为汉墓出土的这件陶树便是古代传说中的桃都树，说明早在汉代已有关于桃都树和天鸡的传说。在1973年出版的《文物》第1期上，郭沫若先生也提到了桃都树与扶桑树的流变关系。他说：

神树扶桑树与桃都树同出于《玄中记》的遗文，与《古玉图谱》所引用的说法又有所不同。"蓬莱之东，岱舆之山，上有扶桑之树。树高万丈，树巅常有天鸡，为巢于上。每

釉陶桃都树局部（天鸡）

夜至子时，则天鸡鸣，而日中阳乌应之；阳乌鸣，则天下之鸡皆鸣。《古玉图谱》是南宋淳熙年间所"敕编"，所引《玄中记》遗文应当不是杜撰。在这儿，所谓"桃都树"又成了"扶桑树"，这显然是传说上的变异。

这株用于随葬的釉陶桃都树，是汉代釉陶的典型之作，代表了当时陶器施釉工艺的最高水平，具有较高的历史和艺术价值。釉陶是汉代出现的一种低温铅釉陶器，以黏土做胎，以铅为助熔剂，铜元素和铁元素为主要呈色剂，经过 700 ~ 900℃ 的低温烧制而成。在氧化氛围中，铜元素呈现绿色，铁元素呈现红色。据专家研究，目前所见的汉代釉陶多为绿色或红褐色的单色釉，也有在同一件釉陶上施两种以上釉色的，但较为少见，被称为"复色釉陶"。复色釉陶是汉代釉陶的一个极为特殊而重要的品种，是我国早期的彩色釉陶器。复色釉陶器的底釉有枣红、橙黄、姜黄、褐色、黑褐色等，装饰釉以绿色为主，还发现有黑色、白色、蓝色、紫色和铁锈色等，就釉料的丰富程度来看，已经与唐三彩接近。河南济源是汉代复色釉陶的主要出土地之一，除桃都树之外，该地还出土了双色釉陶马、人骑马、人俑系列、动物俑系列、黄釉绿彩鱼鸟纹盘等复色釉陶代表器物，釉色滋润，呈现朴质凝重的特征。

白釉剔花牡丹纹梅瓶

富贵华丽的匠心之举

这件梅瓶上的牡丹花，纹饰饱满，刻画层次分明，整体纹饰虽铺满瓶腹，却繁而不乱，错落有致，烘托出牡丹花的富丽堂皇、玉笑珠香。显示出宋代民间的匠人精神和审美情趣。

　　宋代民窑瓷器的发展在中国瓷器史上占有重要的地位。与官窑瓷器相比，民窑不受宫廷束缚，产品符合民间百姓的审美情趣，所处地域的不同又使民窑各具地方特色，因此富有生机，发展迅速，全国南北各地形成了各个不同的窑系。具有代表性的著名瓷窑，北方有定窑、磁州窑、耀州窑、钧窑，南方有越州窑、景德镇窑、龙泉窑、建窑，通称为"八大窑系"。

　　这件出自当阳峪窑系的白釉剔花牡丹纹梅瓶，独到之处就在于它的剔花工艺。剔花工艺在北宋中期至金代前期流行，具有相当浓厚的北方文化特色，此类瓷器在山西、河北、河南等地多有出土。河南汤阴县出土的这件梅瓶，整体呈橄榄型，颈较短，瓶唇圆形，平沿外折，瓶的肩部浑圆，

白釉剔花牡丹纹梅瓶

北宋（960—1127）
高34.5厘米，口径6厘米，腹围65厘米
1959年河南汤阴出土

腹部下收，平底。通体施白釉，腹部装饰剔花缠枝牡丹花纹，花纹以外露褐色胎底，肩部与腹下部饰菊瓣纹。器物整体造型朴实大方，纹饰线条流畅，所刻牡丹花纹在光润的白釉面上凸现，更显得富贵典雅，褐白相映，层次分明，是剔花工艺的代表之作，堪称宋代当阳峪窑之精品。

　　当阳峪窑属于磁州窑系，位于河南省北部的修武县，是宋金时期北方重要的民间瓷窑。它始烧于唐，发展于五代，盛于宋代，终于金元时期。北宋元符三年（1100）至崇宁四年（1105）间，当地就已建祠立碑记叙烧窑盛况，"时惟当阳工巧，世利瓷器埏埴者百余家，资养者万余户"。当阳峪窑的生产器物繁多，工艺种类有剔刻花、绞胎瓷、高温色釉、彩瓷等，其中剔花工艺尤具特色。剔花装饰可分为剔化妆土、剔胎、剔釉等种类，风格有所不同，其中最常见的是剔化妆土。即先在瓷胎表面施一至两层化妆土，将胎表面的细小孔洞和瑕疵掩盖，使其变得白而光滑，趁化妆土未干时用尖锐的工具迅速画出花纹轮廓，然后用铲等工具将花纹以外的化妆土剔去，露出胎体，最后施透明釉入窑焙烧。烧成后，施化妆土的地方釉色洁白光润，而露胎的地方呈现土黄色、灰白色或褐色，形成深浅不同的色泽对比，这样就更加醒目地突出了纹饰，还具有了立体效果。

　　这种剔花瓷器之所以流行于北方地区，与磁州窑所出的瓷胎大有关系。由于磁州窑的地域限制，原料品质不高，不够纯净，烧出的瓷胎多为灰色或灰褐色，表面还有细小的孔洞。为此，聪明的工匠们就使用化妆土精心地打扮瓷胎，先解决了制瓷原料给瓷器生产带来的弊端，然后又在装饰上另辟蹊径，大量采用剔花工艺，而北方的瓷胎较厚，剔刻工艺一经使用，可谓如鱼得水，恰如其分，成就了这匠心之举。

梅瓶，在宋代称为"经瓶"，是宋金时期北方磁州窑系常见的器形。它的特点就是小口，短颈，肩以下收敛，椭圆形腹，形体修长，挺拔俏丽，以口小只能插梅枝而得名。可作为盛酒用器使用，也可作为名贵的观赏品。这件梅瓶制作精美，造型优雅，线条饱满流畅，瓶上的缠枝牡丹花纹饰，凝练、生动、淡雅、大气，具有写实风格，充分展示了宋代瓷器的儒雅之风。当阳峪窑所出的剔花瓷器多以牡丹缠枝纹、花卉纹等为主体装饰。牡丹造型自古雍容华贵，娇艳夺目，是富丽典雅的代表，在唐宋繁盛的制瓷工艺中备受推崇，成为能工巧匠装饰陶瓷艺术品的典型题材。这件梅瓶上的牡丹花，纹饰饱满，刻画层次分明，与"S"形缠枝纹盘旋婉转，相互呼应，富于动感。整体纹饰虽铺满瓶腹，却繁而不乱，错落有致，疏密得当，在瓷胎与白釉色泽深浅的对比下，大面积的线条装饰，烘托出牡丹花的富丽堂皇、玉笑珠香，醒目、生动，又不失雅致。以此器观之，不得不为宋代民间的匠人精神和审美情趣而点赞。

白釉围棋盘

方寸之间尽显博弈之道

这件白釉围棋盘的出土，不仅印证了我国古文献记载的围棋棋局的演变，同时也从一个角度反映了隋唐时期社会开放、人们休闲惬意的生活方式。而棋局中均衡和谐的博弈之道，纵贯古今，影响着世世代代的中国人。

围棋，在中国古代又称为"弈"。围棋的"围"是围而相杀的意思，"棋"是手执之子，即棋子，因行棋的特点是围而相杀，所以称作"围棋"。围棋在我国起源很早，春秋、战国时就已流行。《左传》上第一次有"弈棋"的字样，东汉许慎的《说文解字》解释"弈，围棋也"。至隋唐时期，围棋更为盛行，上自皇亲贵族、文臣武将，下至寻常百姓，普遍喜习棋艺。这件隋代张盛墓出土的白釉围棋盘，盘面为正方形，盘上刻画纵横各19道，共361个交叉点，形成一个个规则的小方格。在棋盘中央和四角各有一小圆孔，以标明"星"的位置，组成了一个完整的19道围棋盘，盘下四侧有类似壶门的装饰。这件白釉围棋盘以实物形式直观反映了隋唐时期围棋

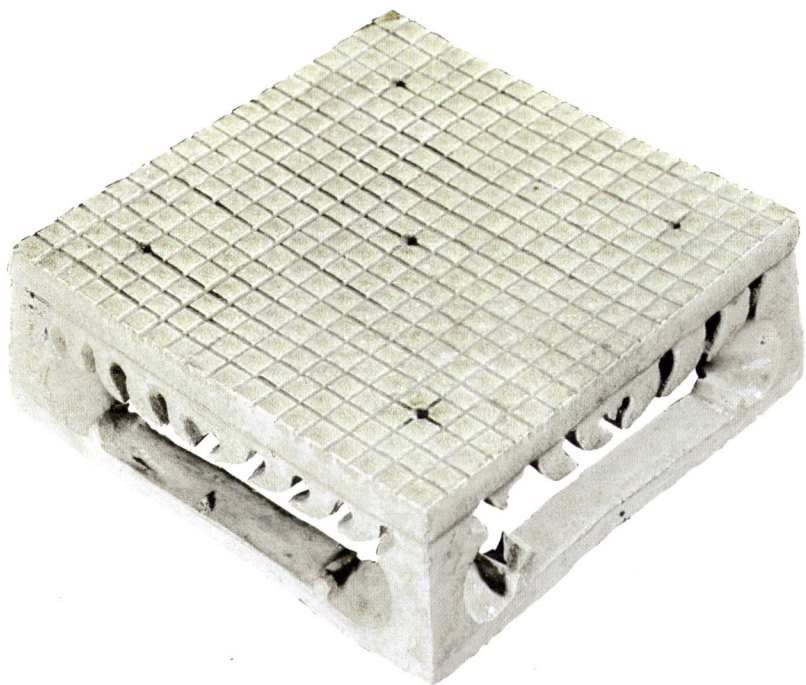

白釉围棋盘

隋（581—618）
高4厘米，边长10.2厘米
1959年河南安阳张盛墓出土

的棋局，说明至迟在隋代，围棋布局已大体与今天相同。

古代围棋局制，据《艺经》记载，三国以前，围棋盘分为17道，共289个交叉点，棋子为黑白二色，各150枚。至北周时《孙子算经》所记，棋局又有改进，纵横改为19道，可著子361枚。《隋书·经籍志》载有《棋式》《棋图式》《棋法》等围棋专书若干种，但已失传。《旧唐书·经籍志》中有《围棋后九品序录》，似已有九品之分，现今棋手的九段之分，或许源于此说。

现代围棋盘承隋唐旧制，由19条横线和19条竖线交叉组成，共有361个交叉点。为了方便下棋的人识别棋子的位置，棋盘上画有9个黑点，称"星位"，位于正中央的点叫"天元"。小小的棋盘，蕴含着丰富的文化内涵。农历一年360天，棋盘上除去"天元"，刚好是360个交叉点。古代五日为一候，六候为一月，一年七十二候，棋盘四边正好共有72条线。另外，棋盘上的星位代表着太阳系的9个行星，中央的天元也叫太极，象征着太阳。棋子黑白相对，象征阴阳。圆形棋子，方形棋盘，寓意天圆地方。方寸之间无不体现中国传统文化的精髓。

围棋行棋规则简单，入门易学，但变化无穷。据北宋科学家沈括的研究与计算，棋局的变化，"大约连书万字四十三，即是局之大数"，用现代数学方法表示即是3的361次方。棋局象易数，棋局的变幻莫测正如天地万象的变化无穷。元代虞集《玄玄棋经·序》中记述，棋局在弈者眼中"有天地方圆之像，有阴阳动静之理，有星辰分布之序，有风云变化之机，有春秋生杀之权，有山河表里之势。世道之升降，人事之盛衰，莫不寓是。"弈者的较量，是智慧的展示，更是对世间万物、人生百态的透彻领悟，胜故欣然，败亦可喜。因而围棋自创始以来，千百年长盛不衰，为众多文人雅士所喜爱，并流传至日本、朝鲜等地。据史料记载，武则天时，神都洛阳掖庭局设有棋博士二人，官级从九品下，专门负责教授宫人棋艺。唐玄宗时，两京宫中设有棋待诏，其中围棋待诏王积薪，号称天下无敌，常陪侍玄宗及大臣下棋。有一次，王积薪在宰相张说东都家中与张下围棋，僧人一行在旁观战，看完之后便能与王对弈，末了，一行还笑着对张说评论道："此但争先耳。若念贫道四句乘除语，则人人为国手。"（唐代段成式：《酉阳杂俎》前集卷十二《语资》）这说明僧人一行也是一位围棋高手。另外，杜甫、韩愈、白居易、元稹、刘禹锡、李商隐等，当时都很热衷于围棋博弈。杜甫自称曾以围棋度日，"老妻画纸为棋局"（杜甫《江村》）。白居易与友人以酒、诗、棋为乐，还与"山僧对棋坐"（白居易《池上二绝》）。在现代，围棋依然是人们喜爱的休闲娱乐方式，不分场地，不论男女老幼，均能从方寸棋盘间寻得耐人回味的乐趣。

这件白釉围棋盘的出土，不仅印证了我国古文献记载的围棋棋局的演变，同时也从一个角度反映了隋唐时期社会开放、生活富庶、人们休闲惬意的生活方式。而棋局中均衡、和谐的博弈之道，则作为一种永恒的精神，纵贯古今，影响着世世代代的中国人。

彩绘坐部伎乐俑

深藏地下千年的乐队

张盛墓随葬乐俑特殊的跽坐演奏形式，一经发现，便引起了学术界的关注，这组文物成为研究隋唐时期音乐形式不可多得的实物资料。

隋唐时期的乐舞艺术，在中国音乐史上雄踞巅峰，中外各民族音乐文化交流蔚然成风，优秀作品层出不穷，这种繁盛辉煌的景象在当时的随葬明器中也有体现。这组彩绘坐部伎乐俑是在河南安阳豫北纱厂附近发掘的隋代张盛墓中发现的随葬品，共8件，乐俑均作跽坐奏乐姿态，造型、服饰大体相同。均头梳平髻，髻后插梳，黑发朱唇，身着朱彩长裙铺地，外罩绿彩上襦，裙腰高束，裙带下垂。7俑手中分持铜钹、琵琶（其一为曲项琵琶）、竖箜篌、横笛、筚篥（音毕利）、排箫，另有一俑双手无物举于胸前呈打拍状，古代称其为抃（音卞）手。在魏晋南北朝时期，皇亲贵戚、士族豪门蓄养家伎风尚盛行，张盛生于北朝，隋朝建立后，他官至征

彩绘坐部伎乐俑

隋（581—618）
高17~19厘米
1959年河南安阳张盛墓出土

手持曲项琵琶伎乐俑

骁将军、中散大夫，处于统治阶级中上层地位，因而他家中拥有舞乐伎人，死后望如生时荣宠，随葬乐舞俑，不足为奇。该墓还同时出土了 5 件舞俑，所着服饰、发型与乐俑相同，可能是乐俑的伴舞。

　　坐部伎，正如字面意思所表达的，是坐在堂上表演的一种宫廷乐舞类别。与其相对的还有立部伎，则是站在堂下表演。二者是流行于唐代的宫廷乐舞礼制，也是宫廷乐舞的两个大类。它们是在吸收、借鉴不同少数民族音乐艺术基础上创作出的新的乐舞。音乐坐奏，一般规模较小，多以琵琶为主的管弦乐演奏，气氛温和而雅致。根据古文献记载，坐部伎有六部乐舞：《燕乐》《长寿乐》《天授乐》《鸟歌万岁乐》《龙池乐》《小破阵乐》。立部伎演奏时则规模相对较大，多以鼓吹和打击乐演奏，大多演出队舞和散乐，气氛热烈。立部伎有八部乐舞：《安乐》《太平乐》《破阵乐》《庆善乐》《大定乐》《上元乐》《圣寿乐》《光圣乐》。因坐部伎技艺较高，因此其地位待遇也高于立部伎。唐代太常寺管理下的乐工，

手持铜钹伎乐俑

有从坐部伎淘汰的被没入立部伎的情况。正如白居易的诗《立部伎》所述：
"立部伎，鼓笛喧。舞双剑，跳七丸，袅巨索，掉竿。堂上坐部笙歌清，
堂下立部鼓乐鸣；笙歌一曲众侧耳，鼓笛万曲无人听。立部贱，坐部贵。"
可知立部伎与坐部伎，演奏形式不同，使用乐器及演奏乐曲不同，他们的
地位也有贵贱之别。关于坐部伎与立部伎的设置，学术界大多认为至迟产
生于唐代，而张盛墓随葬乐俑特殊的踞坐演奏形式，一经发现，便引起了
学术界的关注，说明坐、立二部乐制的设置很可能隋代就有。这组文物成
为研究隋唐时期音乐形式不可多得的实物资料。

　　隋唐时期乐舞除坐、立二部乐制外，还有另一种划分方法，即以乐种
的来源地为依据划分。隋朝有"七部乐""九部乐"，唐朝则扩展到"十
部乐"。南北朝到隋唐时期，经历了民族大融合，大量风格迥异的少数民
族乐舞涌入中原地区，并和汉族乐舞相互交流。同时，丝绸之路的繁荣，
也促进了与西域的交流，呈现出各族乐舞荟萃中原的景象。隋朝建立之后，

对不同少数民族的音乐进行了梳整，制定了"七部乐"，即：一为国伎、二为清商伎、三为高丽伎、四为天竺伎、五为安国伎、六为龟兹伎、七为文康伎。隋炀帝时期，又改为"九部乐"有：清乐、西凉、龟兹、天竺、康国、疏勒、安国、高丽、礼毕。清乐由原来的清商伎所改，指的是流传下来的以前传统的汉族音乐。唐朝建立后，在原有的基础上，继续对音乐体制进行改革。唐太宗废除"礼毕"一部，将新创制的燕乐列为唐代"九部乐"之首。统一高昌国后，又将高昌国的音乐纳入国家乐部中，称为"高昌乐"，至此，唐代"十部乐"形成。

张英群先生在所著《安阳隋代张盛墓出土的舞乐俑试探》中对张盛墓的这组乐俑进行了详细的研究，他提出，"将张盛墓所出坐部伎乐俑所持乐器与《隋书·音乐志》所载'九部乐'使用乐器进行比对，认为张盛墓所出乐俑基本上与演奏'安国伎'(安国，即今乌兹别克斯坦共和国布哈拉一带)时所使用的乐器接近。"从这组乐俑所持的乐器来看，曲项琵琶、筌篌和筚篥都是外来乐器。《隋书·音乐志》记载："今曲项琵琶、竖头筌篌之徒，并出自西域，非华夏旧器。"唐代段安节在《乐府杂录》中记载："筚篥者，本龟兹国乐也。"结合史料和考古发现，专家认为曲项琵琶在南北朝时期从中亚地区传入。筚篥属吹管乐器，在汉魏时期由西域龟兹传入内地，唐代又从中国传入朝鲜和日本。由此看出，隋唐时期中原地区受西域音乐文化的影响，以海纳百川的包容气度，为各地乐舞的竞技争艳提供了舞台。唐代，宫廷音乐进入了一个全盛的黄金时期，创作出许多精美绝伦的乐舞作品，特别是歌舞大曲，不仅吸纳了外来音调与形式，而且集诗歌、器乐、舞蹈综合一体，音乐表现力极为丰富，在宫廷燕乐中据有重要的地位，《秦王破阵乐》《霓裳羽衣曲》等就是其中的精品。

坐部伎和立部伎一直延续到五代时期，这种乐制虽未保存下来，但其表演内容和表演艺术却被两宋后兴盛的戏曲艺术和民间歌舞所吸收继承。这套隋代坐部伎乐俑的发现，补充了文献的记载，为我们呈现了古代坐部伎乐制的表演形式。从中似乎可以领略到堂上音乐那丝竹细乐的高贵雅致，它所营造的柔和、恬静的清幽氛围，与我们今天快节奏的紧张生活状态形成了鲜明的对比，如果能有机会欣赏这般清妙的音乐，对于今天的我们何尝不是一种享受？

大曲

大曲是一种融音乐、舞蹈和歌唱于一体的乐舞形式，历史悠久，规模宏大，始于汉魏，隋唐时期流行，宋金时期在承袭原有形式的基础上稍有变异。大曲的曲式结构大体为"散序"（无拍无歌）、"中序"（入拍，以歌为主）与"破"（歌舞并作，以舞为主）三部分。大曲舞蹈部分的主要表演形式为一人独舞或二人对舞。《宋书·乐志三》著录有大曲十五曲，多用流传的诗篇配乐，增减字句，以和音节。唐大曲多以诗句入乐选唱，《乐府诗集》收有残篇。宋大曲则为词体，是长篇叙事歌曲，由歌舞结合。如董颖《薄媚·西子词》、曾布《水调歌头·冯燕传》等。

汝窑天蓝釉刻花鹅颈瓶

雨过天青云破处

这件瓷器没有青铜器那样庞大的形体和恢宏的气势，也没有金银器精巧的雕琢和耀眼的光辉，端庄、恬淡，泛着莹莹的光，向人们缓缓倾诉着宋人的含蓄与典雅。

　　要论宋代瓷业发展的最高水平，当属以汝、官、哥、钧、定窑为代表的宋代五大名窑了，汝窑则居五大名窑之首，可见汝窑的地位之高。宋代文人欧阳修在诗句中如此描述汝瓷："粉翠胎金洁，华胰光暗滋。旨弹声戛玉，须插好花枝。"汝窑，因位于宋代汝州而得名，又称"汝官窑"，是专为北宋宫廷烧造御用汝瓷器的瓷窑。孙新民在《河南宝丰清凉寺汝窑址发掘的主要收获》一文中精练地概括汝窑瓷器"胎洁釉润，纹片缜密，裹足支烧，制作精细。它以纯正的天青釉色、密布的人工开片和绝小的支烧工艺，倍受人们的赞誉和喜爱，在中国古陶瓷发展史上占有重要的地位"。

汝窑天蓝釉刻花鹅颈瓶

北宋（960—1127）
高19.5厘米，口径5.6厘米，足径8.2厘米
1987年河南宝丰清凉寺出土

收藏于河南博物院的这件天蓝釉刻花鹅颈瓶，敞口细颈，腹部浑圆饱满，下有圈足，器表满施天蓝釉，光亮滋润，长颈至腹部刻有折枝莲花纹，纹饰细腻淡雅，冰裂纹薄如蝉翼，晶莹剔透。器物整体造型典雅端庄，线条温柔婉约，釉层润泽似玉，釉色如一泓清水般透彻、青翠，为御用汝瓷中的精品。据古文献记载，汝窑釉色"天青为贵，粉青为尚，天蓝弥足珍贵"，足见这件天蓝釉刻花鹅颈瓶在传世汝瓷中的地位。

宝丰清凉寺汝官窑址

北宋徽宗赵佶不仅是帝王，也是一位集诗、书、画三绝于一身的艺术大家，他对宫中使用的器皿要求颇高。据《老学庵笔记》记载："故都时定器不入禁中，惟用汝器，以定器有芒也。"就是说北宋时，原为宫廷烧制御用瓷器的定窑，因其瓷器有芒（有说瓷器口沿无釉，露出胎骨；也有认为芒即耀眼光芒，徽宗不喜，更推崇青色之幽静），赵佶认为不可用，遂命汝州造青瓷，并要求烧制的瓷器必须是"雨过天青云破处，这般颜色作将来"。官府遂召集能工巧匠，不惜一切代价，经过无数次试烧，终于烧造成功。对于宋代汝官窑究竟在何处，很长时间以来都是一个难解之谜。1987 年经过文物考古工作者数十年的不懈努力，终于在河南省宝丰县大营镇清凉寺村发现了汝窑遗址，从而解决了这一陶瓷史上的一大悬案。

　　通过对河南宝丰清凉寺窑址的多次调查与发掘。考古工作者发现汝官窑的前身是民窑，北宋早期是该窑址的初创时期，以烧制白瓷为主，兼烧少量青瓷和黑瓷。经北宋中期的发展，青瓷数量逐渐增多，器物种类也有所增加。北宋晚期，达到鼎盛，青瓷不仅在数量上超过了白瓷，釉色除豆青釉和豆绿釉外，新出现了天青釉。装饰上在原有菊纹、莲花、牡丹、竖条纹和凸线纹基础上增加了印花龙纹、刻画牡丹和海水游鱼等，并在一件器物上刻划花和印花并用。到金、元时期该窑址逐渐走向衰落。1999 年，在该窑址上发现了汝官窑瓷器的单独烧造区，进一步发掘发现了大量的御用汝瓷残片和 20 余座窑炉、作坊、澄泥池、釉料坑等遗址。对于汝官窑的具体烧造年代，陈万里先生根据史料推断汝州烧制宫廷用瓷的时间是在哲宗元祐元年（1086年）至徽宗崇宁五年（1106年）的20年之间，这与考古发现基本吻合。汝官窑址发掘的瓷器釉层匀净似玉，开片疏密有致、自然天成，胎骨细腻坚实，造型端庄大方。器形有盘、洗、瓶、碗、樽、壶、盆、炉、注子、套盒、盏托和器盖等，不少器物作外裹足满釉支烧，支钉十分细小，充分显示了汝窑产品的高超制作工艺。

汝窑由于为宫廷烧制御用瓷的时间较短，故传世瓷器不多。据《清波杂志》记载："汝窑宫中禁烧，内有玛瑙为釉，唯供御拣退方许出卖，近尤难得。"这里的"供御拣退后出卖"很可能只是一个时期的情况。因为据考古发现，在汝官窑址发掘所获的天青釉类汝窑瓷器碎片数以吨计，很多器物明显是被故意打碎处理的，还有专门的落选品掩埋坑。说明官府对汝窑的垄断性在逐渐强化，促使生产者宁可不计成本，将瓷器落选品集中打碎处理，也要保证汝瓷精品的纯正和御用的地位。此举也更显示出汝官窑瓷器的珍贵。

据统计，全世界目前现存汝窑传世品不足百件，多是宋元明清时期收藏在皇宫中的汝瓷器，主要收藏在今天中国的北京故宫博物院、台北"故宫博物院"和上海博物馆，以及英国、美国、日本等地。传世的汝窑瓷器极少装饰，这件收藏于河南博物院的汝官窑天蓝釉刻花鹅颈瓶，除了拥有弥足珍贵的天蓝釉之外，它的颈、腹部还刻折枝莲花纹，在以釉色取胜的汝窑传世品中实属罕见，它丰富了人们对汝窑产品的认识，对于深入探讨汝官瓷的发展历史和制作工艺有着重要的意义。

这件瓷器被放置在展馆中醒目的位置供人观赏。它没有青铜器那样庞大的形体和恢宏的气势，也没有金银器精巧的雕琢和耀眼的光辉，它就只静静地站在那里，端庄、恬淡，泛着莹莹的光，向人们缓缓倾诉着宋人的含蓄与典雅，用它自然和谐的意境，温柔着人们探究瞬而惊诧的目光。

满釉支烧

满釉支烧是指使用支烧工具支钉来烧制底部挂满釉的瓷器的方法。满釉支烧瓷器在晚唐开始烧造。因为釉在高温时候熔融，会变成硬度高的半透明玻璃质物质，如果底部挂满釉直接放入窑内烧制，一定会使器物黏在窑里，如强行取下，器物就会遭到损毁，所以以前制瓷底部是不挂釉的。后来人们发明了支钉来解决这一问题。釉也黏支钉，但是支钉面积小，待出窑之后，用东西敲下去就行了，所以底部满釉的器皿通常会有支钉痕迹。

汝窑支烧工艺先进，支烧具细如芝麻，因而烧造的器物底部残留的痕迹被称为"芝麻钉"，这也成为汝瓷的一个特点。但也有少数器物采用垫饼的方式烧制而成。在河南宝丰清凉寺窑址进行考古发掘时，也出土有支钉。通过对出土支钉的研究，专家认为之所以能形成美观的细小钉痕，是因为这种支钉是用高铝质的硬质黏土制成，这种原料有更强的耐火性和强度，它有效地减轻了高温荷重力，进而减小了支钉与胎釉的接触面积。

左卧姿红釉陶狗

永远的忠诚

以左卧姿红釉陶狗为代表的汉代动物类陶塑艺术，在漫长而辉煌的发展历程中，植根于现实生活，产生了富有时代气息的艺术特征，令后人体会到古人对生活的无限热爱与深刻感悟。

　　这件河南南阳汉墓出土的左卧姿红釉陶狗，塑造的是一个看家护院的守犬形象。工匠抓住狗机警的特征，加以夸张，通过古拙的线条轮廓，丰富的面部表情，真实的动态表现，恰到好处地再现其神韵，突出体现了汉代陶塑艺术写实而不繁缛，豪放却极为传神的特点。陶狗由模制和捏塑而成，形体较大，空心。狗左顾，头上仰，两耳呈叶形，向上直立，鬃毛倒立，鼓目远视，长嘴前伸，张口露齿。粗颈，短尾，伏卧，前肢直伸，后肢屈于腹侧，尾尖上卷。通身施红釉。

　　从陶狗的头部塑造来看，头的扭转角度较大，近90°，表现了狗发现动静后的反应迅猛、敏捷。陶狗两耳竖立，耳下鬃毛倒立，给人以高度

左卧姿红釉陶狗

汉（前206—220）
高43.6厘米，长50厘米
河南南阳出土

警惕，专注倾听动静之感。狗的双目滚圆鼓出，翘首远望，似乎目标尚在远处，已然警觉，随时准备吠叫报信。狗长嘴张开，似乎并非在吠叫，而是因为头部的上仰和颈部的发力，牵扯到了下颚所致。陶狗的颈部是整体造型中较为突出的部位，粗壮高挺，筋肉紧张有力，程度略为夸张，却更加真实地体现了狗伸长脖颈，密切追踪动向的姿态。细看陶狗的四肢和尾部塑造并非舒展放松，而是趾部弯曲撑起，尾尖上翘，似乎有力贯于其中，可随时起身，扑向目标。古代匠人们通过细致入微的观察和高超的技艺准确捕捉狗的眼神、姿态和动作，将鲜活、生动的瞬间定格，使观者从静止的陶狗身上看到了狗的动态表现，而这动势中显现的神韵和气势则给人以真实的感受和感知生命的乐趣。

狗善守御，助人抵御凶灾，将陶狗置于墓中有镇墓、辟邪之意，以求御蛊攘邪、谢过求福，保护墓主人安享地下太平。同时，在汉代"事死如事生"的思想观念深入人心，人们相信死者会在阴间继续生存，因而随葬品均仿世间，衣食住行一应俱全，陶狗是其中较为常见的动物类随葬明器，它从侧面反映了墓主生前的生活状况和财富的占有情况。

早在旧石器时代晚期，原始人类已经从狩猎实践中学会将狼驯为狗，作为狩猎以及运输的工具。到了新石器时代，养狗趋于普遍，此时的狗多用于田猎、食用、祭祀和殉葬。商代墓葬中殉狗更是普遍现象，殉狗一般被放置在墓底的腰坑内，也有的放在墓主两侧或脚端的二层台上，以及墓底、墓道或填土中，用以拱卫墓主。西周时期的殉葬规模虽不及商，但沿

河南南阳地区出土的陶狗

袭商制，在墓葬和祭祀遗址中仍有较多狗骨被发现。东周以后，随着人殉制度日渐式微，殉狗的情况越来越少，代之而起的是俑的随葬。俑的出现并代替人、动物等陪葬，是社会文明与进步的表现。

陶狗的出现可上溯到新石器时期，其发展历程几乎贯穿了整个中华文明史。其中，在中原地区发现的陶狗数量尤多，情态万千，可谓中国古代文化遗产中不可多得的瑰宝。汉代，陶狗被大量用于墓葬之中，成为当时的一种时尚。中原地区的南阳、洛阳、三门峡、新乡、济源等地，出土陶狗数量众多，富有特色，表现出了独特的艺术风格和浓郁的生活气息。两汉时期的南阳是全国著名的商业城市，享有"商遍天下，富冠海内"之誉。同时，南阳是东汉开国皇帝刘秀起家的地方，皇亲国戚、功臣贵族云集。

《后汉书·刘隆传》记载："河南帝城，多近臣；南阳帝乡，多近亲。"这些封建贵族、富商大贾过着奢华的生活，追逐声色犬马，也因此带来了养狗之风的兴盛。他们生前以狗为宠，死后便将陶狗作为明器随葬入墓，求得在阴间的安宁。在南阳各地发掘的东汉墓葬，无论形制大小、随葬品多寡，几乎都有陶狗的出现。

汉代随葬的动物类陶塑除了狗之外，还有猪、羊、鸡、鹅、鸭、牛、马、熊、虎、猫头鹰等很多种类。动物类陶塑的地位虽没有陶人俑那般重要，但也由此少了许多礼制约束，形制更为自由活跃，占去了汉代墓葬随葬陶塑品相当大的比例。汉代陶塑动物俑之所以盛行，首先应归因于陶质材料本身。陶泥质地柔软，可塑性强，原料丰富，方便取用，一经烧成不锈不腐，易于保存。同时陶制器物模具成型工艺简单，易于生产，为陶塑动物俑的大量出现创造了条件。其次，汉提倡以孝治国，葬礼的厚重程度成为当时评判"孝"的重要尺度；同期道教对灵魂不灭和神仙思想的宣扬促使汉人在心理上寻求对生命消逝的安慰，使其丧葬习俗更倾向于"事死如生，事亡如存"；而汉代社会财富的积累和安定的环境，也为厚葬提供了坚实的保障。因此，为了使死者风光大葬，并能在地下或神仙世界过上"舒适、安稳"的生活，汉人将墓室的形制和结构尽量模仿现实中的房屋，随葬品也尽量将生人所用的工具、物品纳入其中。家禽、家畜等陶塑动物俑的随葬，一定程度上反映了死者生前的日常生活和所属财富，满足了人们的心理需求，同时，以俑代替动物避免了过多的杀生和社会资源浪费，此举自然受到了广泛的青睐。此外还有一个重要原因是，两汉时期中国社会正由宗族结构向家族家庭结构转变，庄园经济迅速发展，人们对自我和私有财产更加关注。在墓葬中骤然增加了大量象征现实生活的陶制明器，诸如井、磨、楼阁、仓房、猪圈、田畴等，更有兵马、仆侍、农人、伎乐以及各类禽畜动物。这些大规模陶俑群的出现，成为一种新的社会地位的标识。

以左卧姿红釉陶狗为代表的汉代动物类陶塑艺术，在漫长而辉煌的发展历程中，传承和发扬前代艺术成就，植根于现实生活，产生了富有时代气息的艺术特征，这些以泥土抟制的艺术品，向世人展示了满载的历史文化信息，令后人体会到了古人对生活的无限热爱与深刻感悟。

河南淮阳「泥泥狗」

"泥泥狗"，又称"陵狗"或"灵狗"，是人们对河南淮阳"太昊伏羲陵"小泥塑的统称。早在6500多年前，淮阳就有大量捏制"泥泥狗"的习俗，据说是为纪念伏羲女娲抟土造人育万物。它既是一种泥塑玩具，也被赋予了避灾、求福的美好愿望，是原始图腾文化下产生的一种独特的民间艺术。淮阳"泥泥狗"为胶泥捏制而成，造型古拙、怪诞、色彩艳丽，以黑色垫底，用大红、黄、白、绿、桃红五色点画出由圆弧曲线、直线和点组成的各种图案，线条稚拙而生动，色彩绚丽又不失沉稳，有楚漆器文化的格调。其题材包罗鸟、兽、鱼、虫与人物，品种有数百种，诸如"人面猴""人面兽""猴头燕""九头鸟""两头狗""多头怪"等。有孔可吹奏，声音悠远明亮。

柞伯簋

古人也爱炫

柞伯簋这样在圈足之下另附一喇叭形支座的簋，实为罕见，这一形制使得原本敦实庄重的簋多了一份灵秀轻盈之感，而簋内的叙事铭文成为后世了解周代教育体制和射礼活动的重要依据。

在今天的北京市有一条著名的小吃街叫"簋街"（音鬼），名字很特别，对于初次听说的人，"簋"字可能都不知道如何读写，其涵义就更难懂了。其实，簋是古人用来盛放煮熟的稻、粱、黍、稷等饭食的器物，常用于祭祀和隆重的宴飨场合，因而也是一种重要的礼器。这样看来"簋街"的称呼是隐喻了这条街与吃食有关。那么，"簋"究竟是什么样子的呢？

这是一件应国墓地出土的铜簋，名为"柞（音同作）伯簋"，圆形敞口，短颈内束，浅鼓腹，腹部两侧有一对龙首形耳，耳下垂珥，矮圈足，内附一喇叭形支座。器物颈部以雷纹为地饰两组八个夔龙纹，每组四个夔龙纹以浮雕兽首为中心，两两相从，分列两侧。腹部装饰两组以雷纹为地

柞伯簋

西周（前1046—前771）
通高16.5厘米，连耳通宽24厘米，口径17厘米
支座高6.3厘米，重2.15千克
1993年河南平顶山应国墓地出土

的凸目兽面纹，左右两侧配以夔龙纹。双耳上端饰龙首，下部两侧饰卷云纹，圈足饰凸目斜角云纹，支座素面无纹。簋内底部铸有8行74字铭文，铭文表明做器者为柞伯，故名柞伯簋。柞伯簋造型别致，制作精细，纹样布局合理，其铭文字体秀丽，布局紧凑，内容丰富，极富艺术和文化价值，堪称早期书法珍品。

簋作为商周时期的重要礼器之一，在祭祀和宴会时常与鼎相伴使用，簋以偶数组合出现，鼎以奇数组合出现。文献曾记载，天子九鼎八簋，诸侯七鼎六簋，大夫五鼎四簋，元士三鼎二簋。商周时期青铜簋出土数量较多，鼎簋的配套数量成为表示墓主地位等级的重要象征。青铜簋由陶簋发展而来，出现于商代早期，西周盛行，战国时期逐渐衰落。它的造型特点，一般多侈口，圆体，圈足，也有方体，方圈足，商代多无盖，无耳或仅有双耳，西周至春秋时期多附盖，有的圈足下方加方座或附三足、四足。像柞伯簋这样在圈足之下另附一喇叭形支座的簋，实为罕见，这一形制使得原本敦实庄重的簋多了一份灵秀轻盈之感，而簋内的叙事铭文成为后世了解周代教育体制和射礼活动的重要依据。

柞伯簋的铭文是一篇流畅的记叙文。铭文大意是，在八月庚申日这天早晨，周王在都城镐京举行大射礼，即射箭技艺的比赛，参加比赛的人员分成两个小组，周王命令南宫负责"王多士"（也称小子）组的比赛事宜，又命令师父负责"小臣"这一组。周王拿出十块红铜板作为奖品，说道："小子，小臣，你们要谨慎谦恭地进行比赛，射中靶子最多的人可以得到

这十块红铜板。"结果，柞伯十发十中，成绩优秀，周王便把奖品给了他，并且又赏赐给他两件乐器。之后，柞伯为纪念这一殊荣，特用周王赏赐的这些红铜为原料，铸造了这件铜簋，使其得以流传，让今天的我们能够体会到射礼冠军的无上荣耀。

这篇铭文短短 70 余字，阐明了"大射礼"举行的时间、地点、人物、事件经过和结果等各个方面，言简意赅，层次分明，为研究我国古代的射礼制度提供了十分珍贵的资料。铭文中提到了"小子""小臣"。"小子"又称"王多士"，在铭文中指参加射礼的周王宗族子弟，"小臣"应是指周王的大臣。周朝贵族子弟 15 岁进入大学学习，包括王子、卿大夫及元士的适子等，除王太子外，他们在 20 岁行冠礼前称为"小子"，或合称"多

柞伯簋腹部兽面纹

子"，行冠礼后称士、学士，或合称多士。柞伯簋铭文中的"小子"指的就是在大学就读的学生，而柞伯的身份是"卿大夫之适子"，因而在大射礼中被归入了"小子"组。

射礼

据古文献记载，射礼形成于晚商时期，西周时期最为盛行，是贵族必须掌握的礼仪技能。射礼是通过射箭的形式进行的一种礼仪，按照参与人员的不同可以分为四种。第一种是"大射"，是天子、诸侯祭祀前选择参加祭祀人而举行的射祀。第二种是"宾射"，是诸侯朝见天子或诸侯相会时举行的射礼。第三种是"燕射"，是天子与群臣燕息娱乐之射。第四种是"乡射"(飨射)，是地方官为荐贤举士而举行的射礼。四种射礼礼节有别，礼仪场合所用的弓、箭、侯(箭靶)、乐舞等都相应而异。射礼的举行时间并不固定，大多是在周王巡狩四方或出于其他目的而随时举行。每年的大射礼和乡射礼大都在春秋两季进行。柞伯簋铭文中记载的这次大射礼是在八月举行，应该就是"秋射"。射礼的形式大致分为射牲和射侯，射牲是射猎祭祀用的牺牲动物，其射中者称为"获"；射侯是一种射艺比赛，射侯的地点一般设在学校。其中由天子或诸侯举行的大射礼，一般在贵族大学的射宫(或称射庐)内举行。对于射礼的形式，孔子曰："君子无所争。必也射乎！揖让而升，下而饮。其争也君子。"就是说："君子之间没有可争的事。如果有，那一定是射箭比赛吧！就算相争，也是互相作揖，谦让，然后登堂；比赛之后走下堂来，又互相敬酒。这种争，就是君子之争。"由此可见，射礼作为一种礼仪性的比赛，讲求恭谨谦让，和乐而射。

王子午鼎

楚王好细腰

这件王子午鼎，双耳呈弧线外撇，浅腹束腰，束腰部位有一周半圆形的箍，这种腰形结构，宛如少女的盈盈细腰，凹凸有致，令人不禁联想起"楚王好细腰，宫中多饿人"的名句。

"王子午鼎出土于河南淅川楚国墓地。"当看到这一叙述时，很多人都不解，楚的地域不是在湖南、湖北一带吗？楚国跟中原又有什么关系呢？

这要追溯到楚的先祖时期。楚，又称"荆楚"，是商周时期一个古老的封国。楚国大夫屈原在《离骚》中说"帝高阳之苗裔兮，朕皇考曰伯庸"，告诉了我们楚人是颛（音专）顼（音需）和祝融的后裔，是华夏民族的一支。据《史记·楚世家》中记载，颛顼后裔，祝融部落中的季连是楚的嫡系祖先。"季连，芈姓，楚其后也……周文王之时，季连之苗裔曰鬻熊……熊绎当周成王之时，举文、武勤劳之后嗣，而封熊绎于楚蛮，封以子男之田，姓芈氏，居丹阳。"就是说大约在商代中晚期，季连率部在丹阳一带，即

王子午鼎（俯视）

今天陕西、河南、湖北三省交界处的丹水之滨，建立了家园。到后人鬻熊时，楚人投靠了新兴的周部族，还参与了武王伐纣，立下了赫赫战功，因此受到周王的嘉奖，封邦建国，国都丹阳。丹阳，经考证为丹水、淅水的交汇处，也就是今天南水北调中线工程的渠首——河南西南部的丹江口水库一带。因此，丹阳是楚文化的发祥地之一。

这件王子午鼎，庄重华贵，气度非凡。鼎为圆形，双耳呈弧线外撇，浅腹束腰，束腰部位有一周半圆形的腰箍，这种腰形结构，宛如少女的盈盈细腰，凹凸有致，令人不禁联想起"楚王好细腰，宫中多饿人"的名句。口沿部攀附着六条夔龙，龙口衔器边，身躯紧贴鼎的束腰部位，龙尾翘起，形成一个优美的"S"形，仿佛正在向鼎内探视，使庄重呆板的鼎顿时生动起来。口沿和鼎身饰满了半浮雕的窃曲纹和垂鳞纹，细致而规整。底部是三个兽蹄足，足上饰有兽面纹，足的外侧呈弧形线条，造成鼎足向内收敛的视觉效果，使足部轮廓更为写实，也弱化了鼎的敦实和沉重感，平添了几分轻灵之美。鼎的内壁铸有14行86字的铭文，字体修长，笔画婉转优美，有很多类似鸟虫书的装饰性笔画出现。

铭文大意是，在某年的正月丁亥日，王子午选择上好的铜料，铸造了七件鼎，用于祭祀祖先神灵以及进行严肃的盟誓，祈求长寿安康。希望子孙后代永远像他一样，恭敬而严肃地对待祭祀和盟誓，既要有胆有识，无所畏惧，又要小心谨慎，避免失误；既要施行德政，又要不失威仪；既要以保卫楚国社稷为根本，又要照顾国民的意愿，急民之所急，并将此作为自己行为的准则。从铭文提供的信息来看，铸鼎人为王子午，此人身份不凡。据《左传》记载，王子午又名"子庚"，是楚庄王之子，楚共王之弟。他在楚共王时出任司马，是楚国的军事长官，曾经指挥对吴国的庸浦之战，大败吴师。楚康王时又担任楚国令尹，官职相当于后来的丞相，在当时的楚国战功卓著，声名显赫，是楚国的高级贵族。这些铭文为我们了解墓主人的身份提供了重要的参考依据。但有趣的是，在王子午鼎的顶盖上发现的四字铭文中，又提到了另一个人名"佣"。这样一来，对于王子午鼎的归属权和所出墓葬的主人就产生了争议。

专家们有的认为王子午和佣应为同一人，即令尹子庚；有的研究认为王子午与佣是祖孙关系；还有的根据淅川下寺1、2、3号墓的两套铭文，一套是"王子午（令尹子庚）"铭文，一套是"楚叔之孙倗"铭文，前者仅2号墓有，后者在三座墓中都有出现。以此认为，王子午鼎盖上的"倗"即指"楚叔之孙倗"，墓主人不是"王子午"而是"楚叔之孙倗"，是王子午死后第二年出任令尹之人，王子午鼎曾经易主倗。这番争议至今还无定论，自然为王子午鼎的身世蒙上了一层神秘的面纱。

淅川下寺楚墓是一个春秋中晚期的楚国贵族墓群，位于淅川县丹江口水库西岸。1977年秋，因丹江水库水位下降，下寺楚墓得以现世并被抢救发掘。1978至1979年，在此发掘楚墓25座，其中大型墓9座，小型墓16座，另有大型墓的陪葬车马坑5座，这批墓葬共出土随葬品7000余件。出土王子午鼎的墓葬为其中的2号墓，规模较大。从该墓地中所出器物的基本组合方式，族墓群的位置等级排列，大中型墓中的殉人现象、车马坑的埋葬方式等特征来看，都与中原春秋大墓一样承袭西周旧制，用鼎制度也带有明显的中原礼乐制度特征。但具体的器物形制却独具特色，蕴含着浓郁的楚风楚韵。中原鼎式向来庄严古朴、雄浑大气，纹饰表现颇为狞厉震撼。而以王子午鼎为代表的楚式鼎则以束腰平底为特征，纹饰组合复杂，手法细腻，线条柔美，装饰物象更为怪异夸张，但却少了狰狞之态，多了飞扬、自由和亲近之感。这反映出了楚人特有的审美心理，说明楚人在中原文化的基础上，经过吸收、改造、升华，融入了自身的浪漫主义的文化特色。而这种相对轻松、自然的风格，对于春秋时期中原地区的青铜器铸造艺术也产生了一定的影响。

历史上的楚国从"筚路蓝缕"到"欲以观中国之政"，从偏居一隅的小邦，一跃成为拓地千里的泱泱大国，最终跻身"春秋五霸"和"战国七雄"的行列。楚地的先民们在政治上奋发图治，在文化艺术上大胆创新，成为中国浪漫主义的先驱。他们神游九天的情思、与神灵共舞的情怀，造就了屈原这样伟大的诗人，为我们留下了《离骚》不朽的华章。他们曲尽巧思的神幻想象和精致流畅的镌刻手法，成就了王子午鼎的超凡脱俗，为人们展现了一个美轮美奂的青铜世界。也许在楚人的理解中，铜鼎自当神圣、威严，但也可气韵非凡，神采飞扬，融入了浪漫主义设计的青铜器更具灵气，抑或更易与上天神灵相通吧！

鸟虫书

鸟虫书也称"虫书""鸟虫篆"，以篆书为基础演变而来，属于金文里的一种特殊美术字体。春秋中后期至战国时代盛行于吴、越、楚、蔡、徐、宋等诸国。东汉许慎《说文解字·叙》："鸟虫书，所以书幡信（符节之类）也。"清代段玉裁《说文解字注》："鸟虫书，谓其或像鸟，或像虫，鸟亦称羽虫也。"这种书体常以错金形式出现，高贵华丽，变幻莫测，富有装饰性，但难于辨识。鸟书的笔画作鸟形，即文字与鸟形融为一体，或在字旁与字的上下附加鸟形作装饰。虫书笔画蜿蜒盘曲，中部鼓起，首尾出尖，长脚下垂，犹如虫类弯曲的身体。鸟虫书主要见于一些青铜器铭文，尤以兵器为多。郭沫若认为：鸟虫书是"于审美意识之下所施之文饰也，其效用与花纹同"。

兽面纹铜罍

神秘的龟形图案

这件铜罍上的龟形图案，多数学者认为是氏族图腾或族徽。龟在中国古代是吉祥、长寿、繁衍和神力的象征，新石器时代的考古资料也表明黄河流域有着丰富多彩的图腾文化遗存。

这件兽面纹铜罍（音同雷）是目前已知经过科学发掘出土的时代最早的青铜罍，也是一件不可多得的商代青铜珍品。它出土于郑州市东关外与二里岗大道交会处白家庄商代墓葬中，属于二里岗上层晚段即商代中期的文物。小口，沿外侈，长颈深腹，折肩，圆底，高圈足。在铜罍的颈部上端装饰有凸弦纹三周，弦纹下等距离装饰三个龟形图案，肩部装饰云雷纹，腹部装饰兽面纹和云雷纹，兽面纹采用微浮雕，眼、眉、鼻和口皆凸出器面，足部还装饰了弦纹和三个"十"字形镂孔，铜罍器身有范缝痕迹。铜罍的整体铸造十分精细，纹饰清晰、立体，尤其是铜罍颈部的三个龟形图案，更为它增添了神秘感。图案大体像龟，头似商周青铜器上常见的蛇头，

兽面纹铜罍

商（前1600—前1046）
通高24.5厘米、口径13厘米
1955年河南郑州白家庄出土

背部装饰圆涡纹，四足呈云纹状，尖尾。这种装饰在商代中、前期的青铜器上极为少见，它究竟代表了什么寓意？

罍在商周时期作为酒器和水器使用，多随葬墓中。商代墓葬中青铜罍多与酒器摆放在一起，西周中期以后，酒器在墓葬中的数量减少，到春秋中晚期，罍开始具有水器的功能，到战国晚期消失。关于青铜罍的起源，李济先生认为，"就这些留存的古说推寻，很显然这器物的原型可能是木制，更早的大概是土烧的陶器。木制的大概是方形罍的开始，土制的大概是圆形罍的开始。"

关于这件铜罍上的龟形图案，多数学者认为是氏族图腾或族徽，也有学者认为是"黾"字，可能是我国发现的时代最早的青铜器铭文。龟在中国古代是吉祥、长寿、繁衍和神力的象征，常用于丧葬、祭祀和占卜，在远古图腾文化中是重要的崇拜对象，被视为灵物。中华民族向有"万世一系，皆出于黄帝"的传统信念，而黄帝族就是以龟为图腾的氏族。相传黄帝族发祥于中原的天鼋山，黄帝族的领袖黄帝即"轩辕"就是"天鼋"。天鼋即大龟。东晋王嘉《拾遗记》载："鲧治水无功，舜幽于羽山，乃自沉羽渊，化为元龟。"鲧为黄帝后人，禹之父，禹得到龟的相助，取得治水的成功。其后的夏朝使龟崇拜在中华大地上得以延展深化。统治中国800年之久的周王朝姬氏也承认自己是龟的传人，《国语》载："我姬姓出自天鼋"。由此可见，龟崇拜在华夏图腾崇拜中占据了极为重要的地位。

新石器时代的考古资料也表明黄河流域有着丰富多彩的图腾文化遗

存。其中，彩陶器上纹饰的主要装饰题材鱼、蛙、鸟、龟纹，就是这一时期图腾崇拜的标志。河南汝州出土的鹳鱼石斧图彩陶缸，就记录了原始的鸟崇拜。此外，河南濮阳出土的龙虎蚌塑，现收藏于河南博物院，被誉为中华第一龙，它形成的龙虎图案则与龙虎图腾有关。之后，商周青铜器上装饰的常见纹样饕餮纹、龟纹、龙纹、凤纹、鱼纹、鹿纹、牛纹、虎纹、羊纹、鸟纹、蚕纹等图案，繁简程度不一，有的以单一的动物纹样勾画，有的以动物的复合形式构图，这些纹饰既是对彩陶器纹饰的延续，也是人们在感悟自然、传承文化中对图腾文化和符号蕴意的吸收与融合。

这件铜罍上的龟形图案，稍有变形，但不失写实、生动。它的嘴部、背部和尾部基本符合龟的特征，制造者应该是想体现被神化了的龟，它极有可能蕴含了图腾的意义。由于年代久远，远古的图腾文化已很难保存其原本的形态，但图腾演化的符号，其在甲骨文、金文以及在青铜器、陶器上的体现，为我们深入研究图腾文化，了解古人的内心世界提供了丰富的历史资料。

五凤铜熏炉

承载中国香文化之正器

炉烟袅孤碧，云缕霏数千。

五凤铜熏炉及其承载的香文化，对中国人文精神的孕育与哲学思想的形成有重要的催化和促进作用。

　　五凤铜熏炉，有平底炉盘，以凤凰展翅开屏为炉体，双爪铆在盘上，昂首引颈，口衔铜珠，振翅挺胸，阔翅上翘，胸前与双翅上均有阴刻羽状纹饰，为器物本身平添了几分华贵。熏炉全身采用透雕工艺，装饰出美丽的羽纹，巧妙的是它的双翅可打开添放香料，缕缕青烟可通过透空的羽纹四处飘散，别有情趣。五凤熏炉构思新颖，造型奇特，凤的形象生动逼真，姿态矫健，集实用观赏于一体，为汉代铜器上乘之作，成为熏炉中的佼佼者，显示了我们祖先高雅的生活趣味和精湛的铸造工艺。

　　现有史料记载，中国对香料植物的利用在春秋战国时期开始，由于地域所限，中土气候温凉，不太适宜香料植物的生长，所以春秋时期所使用

五凤铜熏炉

汉（前206—220）
通高20厘米，直径21.5厘米
1989年河南焦作嘉禾屯窖藏

五凤铜熏炉侧面

的香木香草种类还不多，主要有泽兰、蕙兰、椒树、桂树、艾蒿、郁金、白芷、香茅等。对香木、香草的使用方法有焚艾、佩兰，还有煮兰汤、熬兰膏等。那时，人们不仅对这些香木、香草取之用之，而且歌之咏之，托之寓之。如屈原《离骚》中就有很多精彩的咏叹："扈江离与辟芷兮，纫秋兰以为佩""朝饮木兰之坠露及兮，夕餐秋菊之落英""户服艾以原盈要兮，谓幽兰其不可佩""何昔日之芳草兮，今直为此萧艾也"。西汉早期，也就是汉武帝之前，熏香就已在贵族阶层广泛流行起来，而且有了专门用于熏香的熏炉，在熏炉的选材和制作上有了进一步的发展，形制更加精美，铸工精湛的五凤熏炉便是汉代流行香文化的反映。随着汉代香料品种的增多，人们不仅可以选择自己喜爱的香品，而且已开始研究各种香料的作用和特点，并利用多种香料的配伍调和制造出特有的香气。于是，出现了"香方"的概念。香的含义也随之发生了微妙的变化，不再是单一香料，而是"复方"香料了。

隋唐时期，随着对外贸易及国内贸易的空前繁荣，西域的大批香料通过横跨亚洲腹地的丝绸之路源源不断地运抵中国。虽然安史之乱后，北方的陆上丝绸之路被阻塞，但随着造船和航海技术的提高，唐中期以后，南方的海上丝绸之路开始兴盛起来，又有大量的香料经两广、福建进入北方。香料贸易的繁荣，使唐朝还出现了许多专门经营香材香料的商家。社会的富庶和香料总量的增长，为香文化的全面发展创造了极为有利的条件。宋代，香文化也从皇宫内院，文人士大夫阶层扩展到普通百姓，遍及社会生活的方方面面，并且出现了《洪氏香谱》等一批关于香的专著。

　　我国各地出土过不少汉代熏香炉，有陶的，有铜的，北方出土熏香炉大部分制作成象征着海上仙山"博山"状，称之为博山炉。它半圆形的炉身上有盖，盖上雕镂重峦叠嶂，就在炉内燃烧蕙兰，在盖的众山峰之间有许多小孔，焚香的烟就从中透出，散发出香味。汉代刘向《熏炉铭》描述

五凤铜熏炉炉体和底盘

说像山峦岩石一样的厅堂正器中飘散出缕缕青烟，散发着兰草麝香的味道。这种博山炉在焚香时，轻烟缭绕，山景朦胧，充满绚丽的自然之态，令人心旷神怡。焚香盛行于神仙之说流行的两汉及魏晋时期。在汉代，熏香习俗已经很普遍。熏炉是在皇室和贵族中非常流行的一种器物它被认为是贵族居室文化的一部分。汉代蔡质所著的《汉官典仪》有关于熏香的记载，曰："女侍史絜被服，执香炉烧熏。"汉代熏香的风气，南方比北方更为盛行，在广州地区四百余座汉墓的考古发掘中，共出土了熏炉 112 件。根据《史记·货殖列传》的记载，西汉时龙脑香在广州已非罕见之物。特别是西汉中期以后，汉通西域，对外交流的加强，不仅可以从苏门答腊、叙利亚等进口炭火熏烤的龙脑和苏合香等固体香料，《班固与弟超书》中窦侍中令用 700 匹杂丝、300 匹白素等购买月氏马及苏合香的记载也证明还可以通过陆路从西方输入苏合香。多渠道、大量香料的输入，刺激了汉代熏炉的发展。

中国人使用的香品中，有干燥的草本植物，也有树脂类的龙脑香、苏合香等不同种类。草本植物的茅香干燥之后就是可燃物，为了能充分燃烧，通常炉身的底下会有通气孔。有的设计炉身较浅，炉盖隆起，在炉盖上备有数层镂孔，同时为了容纳自进气孔落下的灰烬，通常设有承盘，这件五凤熏炉的下部就设有盘。古代熏炉丰富多彩又与古人生活起居相关，故时常引起文人墨客借题赋诗咏叹。汉晋六朝有诗云："欢作沈水香，侬作博山炉。"以香和炉隐喻男女之间热烈而不分离的爱情，而"香风难久居，空令蕙草残"借熏炉的香气和香料比喻世俗间追求功名的空虚失落感。南朝刘宋诗人鲍照写过《拟行路难》，内容也与熏炉有关。诗中这样写道："洛阳名工铸为金博山，千丝复万缕，上刻秦女携手仙，承君清夜之欢娱，列置帏里明烛前。外发龙鳞之丹彩，内含麝芬之紫烟。如今君心一朝异，对此长叹终百年。"在这里，鲍照借熏炉引出闺中哀怨，指责负心人，惋惜空有香烟缥缈的熏香炉，隐喻人心易改令人长叹的现实。

五凤熏炉及其承载的香文化，灵动高贵而又朴实无华，玄妙深邃而又平易近人。它陪伴着中华民族的历代英贤走过了数千年的沧桑风雨，走出了华夏文明光耀世界的灿烂历程。它启迪英才大德的灵感，濡养仁人志士的身心，架通人天智慧的金桥，对中国人文精神的孕育与哲学思想的形成有重要的催化和促进作用。

香

人类使用各种各样的香料以除臭、驱虫辟秽、防治疾病。不同的香品，以不同的方式来散发香气，大致可分为燃烧、熏炙及自然散发等三种方式，需要用不同的香器来配合使用。比如香草、沉香木及做香丸、线香、盘香和香粉的合香，必须燃烧方能散香；龙脑之类的树脂性香品，须用熏炙的方式，也就是将香品放在炙热的炭块上熏烤；调和成香油的香品，就用自然散发的方式来散发香气。随着香料的使用越来越普遍，香器的样式也不断出奇翻新，形成了独特的艺术，让人无论是在用香还是熏香时，在嗅觉及视觉上，都有美好的享受，熏炉即是用来焚烧香料的器物。

「好」汽柱甗形器

商王室专用汽锅

云南有道独有的传统风味菜叫"汽锅鸡"，其汽锅由来已久。我们下面要介绍的甗（音同赠）形器的设计原理就与今天使用的汽锅极为相似。此外，北方吃火锅时使用的用焦炭加热的铜锅，外形也与甗形器有几分相似。这些古今饮食器具的有趣关联，体现了中华饮食文化历经数千年的传承与发展，也反映出了我们先民的聪明智慧和领悟自然、开拓进取的创新精神。

这件"好"汽柱甗形器，敞口、深腹、双錾（即把手），方沿微外撇，沿上有一周凹槽，应为置盖的接缝槽。下腹收成弧形，底部中心内凹，形成腹内中空透底的汽柱。柱头为立体花瓣形，四片花瓣中包裹着一个突起

"好" 汽柱甑形器

商（前1600—前1046）
通高15.6厘米，口径32.5厘米，柱高13.1厘米，重4.7千克
1976年河南安阳殷墟妇好墓出土

的花蕾，花蕾表面有四个柳叶形的气孔。器外壁铸有两组纹饰，上部是六组鸟纹，鸟头部两两相对，有鸟冠，圆眼钩啄，尾部下弯，下部是六组夔龙纹和三角形纹组合，两组纹饰之间用一周较细的凸弦纹分隔开来，在腹内壁上还有"好"字的铭文。

甑形器，是与鬲之类的炊具配套使用的。鬲为烹饪器，多为圆口，鼓腹，分裆，柱状足。甑形器底部有许多透蒸气的孔格，置于鬲上蒸煮，用法如同现代的蒸锅。这件甑形器构造独特，底部不是简单的透气孔格，而

"好"汽柱甑形器底部

是内凹的中空汽柱，在目前出土的铜甑器中只发现一件。使用时把它放置在盛满水的炊具上，加热使水沸腾，蒸汽通过中空的圆柱进入甑内并经柱头的气孔散发开来，由于上部加有严密的盖，柱头散发的蒸汽无法外泄而只能弥漫于腹内，其热量就可以把围绕中柱放置的食物蒸熟。甑与鬲的合体叫甗（音同眼），皆束腰，甑与鬲早期为上下连体，商代晚期始出现分体。铜甗是由新石器时代晚期龙山时代使用的陶甗发展而来的，已知铜甗始铸造于商代早期，商代晚期至西周早期明显增多，至西周末春秋初期，铜甗常被用作随葬礼器。

　　安阳殷墟是中国商朝晚期都城遗址，是中国历史上第一个有文献可考、并为考古学和甲骨文所证实的都城遗址。位于河南安阳市西北殷都区小屯村周围，由殷墟王陵遗址、殷墟宫殿宗庙遗址、洹北商城遗址等构成。自1928年科学发掘以来，经过几代考古学者的不懈努力，殷墟出土了大量都城建筑遗址和以甲骨文、青铜器为代表的丰富的文化遗存，系统展现了中国商代晚期辉煌灿烂的青铜文明，被评为20世纪中国"100项重大考古发现"之一，2006年被联合国教科文组织列为世界文化遗产。妇好墓位于殷墟宫殿宗庙遗址，是迄今为止发现的唯一一座保存完整的商王室成员墓葬，也是唯一能与甲骨文联系并断定年代、墓主人及其身份的商代王室成员墓葬。由于墓葬建于宫殿区，上方还建有供祭祀的享堂，这座享堂正好成为墓葬的保护伞，历代的盗墓者都为享堂所迷惑，认为这里仅仅是个古代建筑遗迹，使得妇好墓在历经了几千年后仍未被盗挖和损害。

　　妇好墓内有殉人16具，殉狗6具，出土青铜器、玉器、宝石器、象牙器、骨器、蚌器等随葬品1928件，其中青铜器468件，重达1625千克，以礼器和武器为主，有铭文的铜礼器计190件，其中铸"妇好"铭文的共109件，占铭文铜器的半数以上。青铜器造型独特、铸工精良，令人叹为观止，这件3000年前汽锅的雏形汽柱甑形器当属其一。甑形器内壁铭文"好"即指"妇好"，"妇"是称谓，"好"是她的名字，妇好死后的庙号叫"辛"，商朝的后人尊称她为"母辛""姒辛"或"后母辛"。商代的国力以武丁时代最盛，在历史上有"武丁中兴"之说。妇好作为商王武丁的王后，亲自带兵，征战沙场，为商朝的政治统治和版图扩张作出了重要的贡献，是一位名副其实的巾帼女英雄。

3000多年后的今天，妇好驰骋疆场所向披靡的豪迈之情已化为文字载入史册，但妇好墓出土的大量令人震撼的精美青铜器，却如此生动、形象地向我们展示了商人对妇好的崇敬和感怀。

妇好

妇好是商王武丁的法定配偶之一，深得武丁的挚爱，甲骨文中有关妇好的记载多达一百七八十条，从卜辞内容来看，妇好作为一名女性，除了是商王的王后，还在社会生活中扮演着多重角色。她能征善战，多次受命代商王征集兵员，参加并指挥对土方、巴方、夷方等的重大作战，为商王朝开疆拓土立下了汗马功劳，是一位著名的军事指挥家。在"国之大事，在祀与戎"的商代，妇好曾多次主持王室的大型祭祀活动，又任占卜之官，利用神权为商王朝的统治服务。此外，据卜辞记载，她还多次参与政务活动，受商王派遣外出办事，是武丁时期统治集团的重要成员，堪称一位杰出的女政治家。因此在妇好离世后，被隆重下葬，墓葬位于宫殿宗庙区，墓圹上还修建有宗庙建筑，武丁常在此祭祀，祈求福佑，墓葬也被完整地保存下来，使我们今天得以见到如此精美的商代晚期青铜器，更真切地领略到了殷商高度发达的青铜文明。

兽面乳钉纹铜方鼎

大国重器

先秦时期立国称为定鼎，鼎成为王朝兴替、国家政权的代称。这件兽面乳钉纹铜方鼎以它庄严、浑厚、古朴的身躯捍卫着至高无上的王权。

我们生活中常见与"鼎"有关的词，在不同的词中"鼎"字代表了不同的含义。如在"钟鸣鼎食"中它代表古代烹煮用的器物；在"定鼎中原"中被视为立国的重器，政权、王位的象征；在"三足鼎立"中象征三方并立、互相对峙；在"鼎力相助"中则蕴含盛、大之意；"一言九鼎"用来形容人说话信誉极高。可以发现，不论何种意义，"鼎"终究象征了"巨大"和"重要"，正如它的形体一般，庄重、严肃而神圣。

这件兽面乳钉纹铜方鼎是在郑州市张寨南街开挖防空洞时发现的铜器窖藏坑中出土的，铜鼎形体硕大，庄重浑厚，是商代早期青铜器的代表作。它口沿外折，方唇，立耳外侧呈槽形。口、腹截面基本为正方形。鼎四足

兽面乳钉纹铜方鼎

商前期（前1600—前1300）
通高87厘米，口沿边长61厘米，腹壁厚0.4厘米，重约64千克
1974年河南郑州张寨南街出土

根部粗壮，为圆柱形。鼎的纹饰以兽面纹与乳钉纹为主，配饰弦纹。乳钉纹带饰于鼎壁的两侧边及鼎腹下部近底端，鼎上腹部饰一周贯穿的兽面纹带，共为八组兽面纹，鼎足中部也以兽面纹为饰。兽面纹皆以凸起明显的阳线构成，具有半浮雕效果，形象极为抽象。该窖藏坑同出方鼎共有两件，形制大体相同，稍大的一件现收藏于中国国家博物馆，这件收藏于河南博物院。因张寨南街位于郑州商城西城墙外约 300 米的"杜岭"土岗的南段，因此也把这两件出土的方鼎称为杜岭方鼎。

郑州商城是商代前期的都城遗址，位于郑州市。从 1950 年被发现到 20 世纪八九十年代，遗址经历了多次发掘，发现了郑州商城遗址达 25 平方公里，分内城和外城两部分，是先周时期仅次于殷墟的庞大都城遗址。内城四周高筑约 7 公里的城墙，内有多座大型宫殿遗址、宗庙遗址和人工蓄水设施，是商王室和贵族的生活居住区。外城是中小贵族和平民居民区、墓葬区和铸铜、制陶、制骨等手工业作坊遗址。出土的文物数以万计，其中有很多都是稀世珍宝。根据文献记载与考证，大部分学者认为该商城遗址是"汤始居亳"的亳都，属商代早中期；也有学者认为它是商代中期"仲丁迁隞"的隞都，属商代中期。据中国考古学院的碳 14 数据显示，郑州商城外城墙的始建年代为前 1500 年左右，始筑于商代中期的二里岗期下层一期，使用到二里岗期上层二期，可以推算内城和宫城的时间年代是不晚于前 1500 年，而且郑州商城的规模如此庞大，没有数十年的经营是无法修成的。

郑州商城遗址

　　杜岭方鼎出土时，考古工作者发现窖藏坑底部为经过平整的生土地，两件方鼎口沿平齐，稍大点的方鼎下面的生土面被挖低。这应该不是无心之举，如此细致，特意的摆放方式似乎蕴含着某种仪式的意味。出土方鼎的铜器窖藏坑位于内城与外廓城之间的高台地上，大体与此同时期的郑州商城周边铜器窖藏坑还有两个，分别是向阳回族食品厂窖藏坑和南顺城街窖藏坑。三处铜器窖藏都沿着郑州商城的城墙外侧埋设，且地势都比较高，有学者推测是商代王室举行大型祭祀活动之后的青铜器窖藏坑。三个窖藏坑中出土多件方鼎，可见方鼎是商代祭祀中的重要礼器。出土时方鼎均以偶数形式出现，形制两两相对，纹饰以抽象的兽面纹和乳钉纹为主，这些

兽面乳钉纹铜方鼎纹饰

特点则为我们深入研究商代祭祀传统和鼎的分期提供了宝贵的实物资料。

　　商代的鼎除方鼎之外，还有圆鼎。两者都有"明尊卑，别上下"的功能。不过，圆鼎多用于烹煮肉食和宴飨等，而方鼎则更多地出现在王室和贵族的祭祀典礼中。鼎的功能大体上经历了从炊煮器到盛食器，再到礼器的发展过程。《周易·鼎卦》彖辞："鼎，象也，以木巽火，烹饪也。"东汉许慎《说文解字》："鼎，三足两耳，和五味之宝器也。"这些记载都表明了鼎用于炊煮的基本功用。而考古发掘出土的很多鼎的底部和足部都有烟炱痕，也可以证明这一点。鼎所炊煮的都是肉类，据《周礼》记载，西周时期不同贵族所能享用的肉食种类不同，大体上归纳为：天子祭祀，宴飨可用牛、羊、豕、鱼、腊、鲜鱼、鲜腊、肠胃、肤等九种肉食；诸侯较天子少鲜鱼、鲜腊二味；卿大夫较诸侯又少牛与肠胃二者；元士则再减二味，只用豕、鱼、腊。鼎发展到后来，除一部分继续用于炊煮，另有一部分则主要用作盛食器。有学者将商周时期鼎分为三类：镬鼎、正鼎（牢鼎）、陪鼎（羞鼎），其中除镬鼎是炊煮器外，正鼎和陪鼎都是盛食器。

到鼎发展成为礼器时，它在人们心目中的地位已不仅仅是祭坛上的祭器，而上升为国之重器，成为国家政权的象征。先秦时期立国称为定鼎，亡国称作鼎迁，并流传下来"黄帝铸鼎""禹铸九鼎""鼎沉泗水"等许多传说，鼎成为王朝兴替、国家政权的代称。在郑州商城遗址中发现的这件兽面乳钉纹铜方鼎以它庄严、浑厚、古朴的身躯捍卫着至高无上的王权，为证明郑州曾经是商王朝的国都提供了有力的佐证。

二里岗文化

二里岗文化是以河南郑州二里岗遗址商代文化遗存而命名的文化类型，又称二里岗期商文化。1950年，考古学者在位于郑州老城东南二华里的二里岗遗址首次发现了一种新遗存，由于二里岗遗址是这类文化遗存最早得以发现的典型遗址，所以1954年提出了二里岗文化的命名。二里岗文化是一种介于二里头夏文化、殷墟晚商文化之间的青铜时代早期的一种考古文化。二里岗文化分布范围较广，以河南省中西部的郑州—伊洛一线为中心，向北延伸到太行山以北的壶流河流域，向东延伸到了山东省的西半部和江淮地区的东部，向西到陕西的关中东部地区，向南则到达了鄂东北长江沿岸。该文化的重要遗址首推郑州商城。城址大部分压在今郑州市区下，个别地段的城墙仍高出现今地面。

王孙诰编钟
2500 年前的皇家乐器

王孙诰编钟上层十八钟，排列密集，是中高音部，可演奏旋律。下层八钟为低音部，作"和声"之用，中心音域十二音齐备。它是中国音乐史上的光辉杰作。

　　王孙诰编钟，由 26 枚甬钟组成，每钟纹饰、形制完全相同，大小依次递减。最大的高 120.4 厘米，重 152.8 千克，最小的高 23.35 厘米，重 2.8 千克。每件甬钟的钟柄上均铸有精致的半浮雕蕉叶纹，蕉叶纹内填满纤细如丝的蟠螭纹，钟身前、后分布着排列有序的乳钉纹。乳钉为除装饰之用外，还起着改善编钟音响的作用。在两组乳钉纹正中铸有清晰可辨的铭文，共计 113 字。王孙诰甬钟音色优美，音质纯正。据测音该编钟每钟有两个音阶，分别在钟下部的正面和侧面。全套编钟分为两层悬挂在钟架上，下层为低音区，演奏和声；上层为高音区，演奏旋律。王孙诰编钟以其完备的音律，精湛的工艺，生动再现了曾经领先于世界的楚国音乐文化，堪称

王孙诰编钟

春秋（前770—前476）
1978年河南南阳出土

我国春秋时期最辉煌的"皇家"乐器。

编钟上的铭文主要是用来记述
"诰"铸编钟的目的和歌功颂德。从
铭文上可获得如下信息："诰"是王
室成员，地位很高，文武双全，德才
兼备，政治上颇有建树，在各诸侯国
之间拥有赫赫威名。为歌颂楚王、诸
侯及父兄功德，祈求福寿安康而铸造
此编钟。经专家考证，"诰"是楚庄
王之孙，这套编钟是王孙诰为自己的
父亲王子午铸造的礼乐之器，它充分
体现了楚国皇室的威严、辉煌、凝重
和大气。

"八音之中，以钟为首"，由此
可见编钟是我国古代乐器家族中最重
要的一个种类。编钟由商代的铜铙演
化而来，一般成组成套出现，少则三
枚，多则数十枚，依据乐钟的大小和
音高次序编组，悬挂于钟架上，以木
槌敲击演奏。根据形状和悬挂方式的

甬钟正面

不同，分为甬钟、钮钟、镈钟。顶端有柄的，称作"甬钟"；顶部有钮，且钟底边缘有尖角的为"钮钟"；顶部有钮，且钟底边缘整齐的为"镈钟"。它既是古人宴请宾客、庙堂祭祀的必备之器，又是王公贵族用来"明贵贱，别上下"的重要标志。因此，编钟的铸造历来被视为国之大事。

楚人喜鬼好祀，巫风盛行，作为祭祀礼器出现的王孙诰编钟不仅具有极高的实用价值，更被赋予了浓厚的宗教色彩。从整体上来看，青铜本色与木质钟架相互映衬，造成了视觉上的鲜明对比，使观者如同置身庙堂而心生敬畏。从细部来看，主体纹饰蟠螭纹形态多变的运用则体现了铸造者的独具匠心，反映了楚人高超的装饰手法和独特的审美意趣。

王孙诰编钟除了具有极高的观赏价值与艺术魅力，更是中国音乐史上

甬钟底部

甬钟侧面

的光辉杰作。古代的印度、埃及和欧洲的早期铸钟均为圆形钟，而"王孙诰"编钟的形状却是扁圆形，如同两片扣合的瓦，俗称"合瓦形"，也正是这种铸造方法，才充分体现了我国古代能工巧匠的聪明才智。圆形钟无论怎样敲击，发出的音阶只有一个，而且每敲一下，声音延续时间很长，无法构成音律，更无法演奏乐曲。合瓦形就完全不同了，王孙诰编钟的钟身呈椭圆形，两个瓦片合在一起，上径小，下径大，横径大，纵径小，钟口边缘不齐，两角向下延伸，呈尖角形，这样它就能加快声音的衰减速度，敲出一音，能很快消失，这样就便于演奏乐曲。合瓦的形状还可以把钟腔分为四个音区，每个敲击点，可以产生明确分开的两个基音，所以在任意一枚钟上都能敲出两个乐音。

春秋战国时期，楚国的音乐不仅发达，并且具有浓郁的地方风格，特别是在春秋中晚期，几代楚王非常喜爱音乐，使楚国音乐在这一时期得以迅速发展。《史记·楚世家》记载，楚庄王刚即位的三年中，日夜为乐，并下命令，有敢谏者，死无赦。时任武官首领的右司马伍举冒死觐见，见庄王坐在钟鼓之间，左有郑国的女子，右有越国的美女，欣赏钟鼓乐曲。《左传》还记载，楚国宫廷中专门建造有地下音乐厅，贵客登堂时，地下室钟鼓齐鸣。

　　当然，楚国高超的青铜铸造工艺才是楚音乐发展的坚实物质基础。甬钟是西周中期以来兴起的一种乐器，当时的楚国还只是一个远离周王室的南方小国，楚人在学习中原先进技术并融合南方各族文化的基础上，使楚国的青铜乐器发展显著。西周时每组编钟的数量最多才达到8枚，楚人在春秋时期将其发展到26枚。这套甬钟铸造工艺也十分精湛，楚工匠采用了先铸钟身，再浇铸钟柄的方法，铸接处非常牢固。有些钟的内壁发现锉磨的痕迹，说明该钟铸造完工后，还经过了调音。

　　王孙诰编钟气势磅礴，音域宽广，音质清晰，可旋宫转调。上层十八钟，排列密集，是中高音部，可演奏旋律。下层八钟为低音部，作"和声"之用，中心音域十二音齐备。证明早在公元前6世纪，十二律在我国就已形成，这一重大的音乐发现为否定十二律外来说提供了宝贵的实物资料。以王孙诰编钟为代表的楚国音乐文化在中国音乐史上写下了光辉灿烂的一页，更是中国人民为世界艺术宝库留下的不朽之作！

「后母辛」四足觥
鸟兽合体的完美演绎

这是一件出土于妇好墓的青铜酒器精品。盖内壁与器身内壁均有「后母辛」三字铭文。造型奇巧，栩栩如生，其似牛非牛、似鸟非鸟的艺术夸张为器物平添了几分瑰玮奇丽的美感。

这件"后母辛"四足觥（音同工）堪称鸟兽合体的完美演绎。器物由器身和器盖两部分组成，整体造型前部为立兽状，后部为鸟形，昂首站立，四足粗壮，器身浑厚，充满了庄严的气息。器首似牛似马，头上有大卷角一对，器盖饰龙纹一条，大头圆眼、钝角后伏，身尾较长，中脊作扉棱形，周围饰盘绕回旋的夔纹和鸟纹等抽象纹饰。器身呈扁长体，中部微外鼓，随着向兽颈部延伸逐渐变窄，巧妙地构成了器物的流（液体出口），流前端有一小圆孔，流下有扉棱一条，直通胸部，在倒酒时，酒液似从兽口中自然流淌，设计十分精巧。器腹前端两侧饰夔纹，腹后端饰并拢的双翅和下垂的短尾。觥的四足，前面两足为兽蹄形，后面的两足则是鸟爪形，比

"后母辛" 四足觥

商后期（前1300—前1046）
通高36厘米，通长46.5厘米，盖高13.7厘米，重8.5千克
1976年河南安阳殷墟妇好墓出土

"后母辛"四足觥器身和器盖

前足稍短，足底有凹下的浇口。觥的尾部是一只卷曲的兽头，恰好构成器物的鋬，即把手。盖内壁与器身内壁均有"后母辛"三字铭文。器物整体造型雄浑，构思奇巧，厚重之中不失华美，具有鲜明的时代特征，属商代典型的"仿生器"（即模仿动植物形象制作的器物）。造型写实，栩栩如生，其似牛非牛、似鸟非鸟的艺术夸张更为器物平添了几分瑰玮奇丽的美感。

这是一件出土于妇好墓的青铜酒器精品。商人重酒，商周时期酒类器具很多，不仅用于日常生活，也多使用在祭祀中。青铜觥在商周时期属盛酒器或饮酒器，其造型特征是椭圆体或方体，圜底或平底，圈足，三足或四足，前有流，后有鋬，皆带盖，盖体相合后多呈动物形，造型奇特。青铜觥出现并盛行于商代晚期，至西周中期逐渐减少。动物形觥唯见于商代晚期，有虎、牛、羊、兕、神兽觥等。据考古发现青铜觥出土地多集中在河南、陕西等王畿之地及周边方国地区，墓主人的社会地位较高，大多为与商王朝有着密切关系的上层贵族、方国首领，为商人或商遗民所用的礼器。从已发表的考古资料统计，目前有明确出土地的青铜觥有四五十件，传世品有七十多件，其数量远没有其他酒类青铜器多。单次出土青铜觥最多的就是殷墟妇好墓，共计出土 8 件铜甗，均成对出现，其中四足甗两件、妇好圈足甗两件、兽纽圈足甗两件、小型圈足甗两件。

这件四足甗内壁上的"后母辛"三字铭文，包含了十分重要的信息。"殷人尊神，率民以示神"，商代的宗教活动繁琐复杂，青铜祭器多样，在祭祀礼仪中各司其位，承载着对神灵、祖先的崇敬、缅怀之义。"后母辛"三字中"母"即指母亲，"辛"是墓主人妇好死后的庙号，"后"的理解存在争议。"后"在早期也被专家识读作"司"。在古文字中，司、后是同一个字，在此如用作"司"解释为祠，是祭祀的意思。用作"后"意为"伟大、受人尊敬"，与"皇天后土"中的"后"同义，意思相当于：将此甗献给"敬爱的母亲辛"。表明这件铜甗是妇好的后代在她死后为了祭奠她而专门铸造的一件祭祀用具。

觥筹交错

觥的流传时间较短，传世品很少，但在今天的生活中，"觥"这个词人们并不陌生，"觥筹交错"常被用来形容人们相聚饮酒热闹的场面。宋代著名的文学家、诗人欧阳修在担任滁州太守的时候，经常到滁州西南郊外琅琊山的酿泉去游玩。酿泉上面有座亭子，欧阳修就将它题名为"醉翁亭"。他和宾客们常常在醉翁亭里饮酒欢聚，由此成就了流传千古的《醉翁亭记》。在描写宾客们游玩宴饮的欢乐情景时，欧阳修这样写道："宴酣之乐，非丝非竹；射者中，弈者胜，觥筹交错，坐起而喧哗者，众宾欢也。"于是，"觥筹交错"这个成语就家喻户晓了。

青铜神兽

浪漫的楚国青铜文化写照

这件凝聚着楚人浪漫与智慧的杰出作品，与楚地文化传统的熏陶分不开，是对楚地独特的人文精神和创造性艺术思维的有力诠释。

　　这件青铜神兽，造型怪异，龙首、虎颈、虎身、豹尾、龟足，集多种动物优点于一身。神兽两颌各饰一朵柿蒂形花，头部上方攀附有六条龙形小兽，以两两相对、弯曲盘绕向上蔓延之势，巧妙地构成了神兽的触角。神兽脊背上有一方形孔，内插带方座的曲尺形支架，架上立一只奔兽，奔兽为龙首、双角、长颈、卷尾，口中衔一条曲体吐舌的小龙的尾部，两后爪后蹬于神兽颈之上部。神兽的后腿上部立一个镂空的方形插座。其最上部的龙角上有一穿孔，腹的下部有一半圆形钮。神兽通身嵌满了用绿松石组成的动物纹和云纹。它双目圆睁，张口吐舌，露出犀利的牙齿，侧首凝视，表情神秘，似乎刚从仙境跃入人间的精灵。青铜与松石两种色彩交相

青铜神兽

春秋（前770—前476）
高48厘米，长47厘米，宽27厘米
1990年河南南阳出土

青铜神兽龙首

辉映，扭动的身躯充满了强烈的动感。怪异夸张的立体造型，诡异华丽的
装饰，赋予了这只跃入人间的精灵神秘浪漫的色彩。

　　一个时代的艺术品所反映出来的审美情趣与审美倾向，与该时代的人
文经典中所表述的审美风尚，存在着一定联系。青铜神兽，出土于春秋晚
期的楚国贵族墓葬。这件凝聚着楚人浪漫与智慧的杰出作品，与楚地文化
传统的熏陶分不开，是对楚地独特的人文精神和创造性艺术思维的有力诠
释。

楚立国周初，植根南国，汇融夷夏。关于楚国之始创，学界多倾向于西周初年成王封熊绎于楚蛮，为楚子，居今天河南南阳淅川县一带。而熊绎的曾祖父鬻熊，早在商代末年的政治危机中就投附周文王，与周人建立了最初的政治联系。至春秋楚庄王时，楚国国力日盛，拓地千里，问鼎中原。春秋战国之际，楚以席卷之势，灭汉淮间小国四十有二，现今河南的南部地区基本被纳入楚国版图。战国初年，秦将白起攻楚拔郢，楚顷襄王流亡于今河南信阳一带，继而退至陈城，也就是今天河南的淮阳，国势日衰。在中原南部地区河南境内的信阳、淮阳等地，留下了楚人东渐的足迹。楚民族长期而复杂的发展过程，既是楚国在政治、军事上结"蛮夷"文化与中原文化为一体的进程，也是在文化上熔"蛮夷"文化与中原文化于一炉的进程。随着楚国考古取得的众多成就，以考古学遗存观察楚文化的形成、发展、变迁及衰微的研究，已取得突破性进展。楚文化分布的主要地域，在今湖南、湖北、河南、安徽四省。河南是楚文化起源和发展的重要区域，尤其是淅川南部的丹江、淅水交汇一带，是学界普遍认可的楚都"丹阳"所在之地。受惠于这片文化沃壤浸润的楚人所留下的遗迹、遗物，皆寄寓匠师、主人之性情、追求、品性、爱好，诠释出古代文人精神境界的清高、淡雅之情，蕴含着生活哲学、文化内涵和艺术魅力。这里发现的楚人铸就的青铜器不仅镌刻着时代风云的变幻，而且浓缩了楚人的智慧。神兽就是在这种思想氛围中所诞生的一件青铜艺术珍品，它既充满了神秘色彩，又寄托了楚人无限而丰富的想象。

这件青铜神兽由多个部件组成，可进行拆装，且部件之间对接紧密。其铸造工艺水平之高，可谓既集先秦传统铸造工艺之大成，而又独具一格。神兽的铸造除一部分工艺受中原青铜铸造工艺的影响外，不乏新的发明和创造，显示了楚文化在形成过程中对中原文化的吸收、改造和升华，具有兼容并蓄、博大精深之丰采。器身采用商周以来我国中原青铜文化外范与内模合范后一次浇铸成完整器形的方法——浑铸法的优秀传统。器表采用的嵌绿松石工艺，亦是对中原文化的继承与发扬。青铜神兽用绿松石镶嵌龙、凤等图案后所形成的绚丽多彩的装饰效果，令人赏心悦目。而神兽头上蟠绕的小龙等，是春秋中后期楚国先进的青铜铸造工艺——失蜡法的创新与应用，使神兽的造型风格华丽灵动，有着与同期中原器物完全不同的美感，呈现出无法比拟、独放异彩的特点，成为一个历史时代青铜器的杰出代表。如果说古代青铜器反映了我国古代文明发展的高度水平和突出的民族特色，那么楚国的青铜器则是我国青铜器系统的重要组成。尤其在春秋战国时期，

青铜神兽脊背上站立的奔兽龙首

楚国的青铜器则成了我国青铜器发展第二个高峰时期的突出代表。神兽造型由多个怪兽、龙蛇组成，可见其构思巧妙离奇，把楚人充满怪异奇特的想象表现得淋漓尽致。楚国工匠运用高超娴熟的青铜分铸方法，分别浇铸完成插座、怪兽、龙头、舌等附属部件，使其既能从神兽的主体造型上随意拆下，又能重新组合起来，且不露丝毫痕迹。工匠们在神兽通体镶嵌的绿松石纹饰，更是让整件器物显得华贵无比，堪称青铜器中的绝世精品。

对于神兽的用途，至今学术界尚有分歧。因为在神兽主体腹下有一钮，似为悬绳系鼓之用，从出土位置和造型分析，有的学者认为可能是悬鼓用的鼓架，有的则认为是编磬架。

由于神兽制作的年代正处于中国历史上奴隶社会走向瓦解的春秋时期，此时作为政治、经济、文化中心的中原地区，已经逐步摆脱宗教巫术的束缚，开始向着理性化、人性化的方向发展，但地处南方的楚国仍然弥漫在离奇瑰丽的鬼神世界之中。楚人的思想怪异、诡秘，甚至是荒诞不经，但青铜神兽呈现给我们的却是神话般的浪漫与美丽。

云纹铜禁

工匠精神传千古

2500年前，先民以高超的智慧和精湛的技艺，铸造了云纹铜禁；2500年后，文物修复工作者以一丝不苟的态度，还原了云纹铜禁的真容。这是我们千百年来代代相传的大国工匠精神。

铜禁，在青铜家族中属于罕见器类，出现于西周初年，消失于战国时代，是王公贵族在祭祀、宴飨时摆放卣、尊、壶、觥等盛酒器的几案，从造型上看，它很像我们今天使用的矮桌。

这件云纹铜禁呈长方体，中空，除禁面正中为一长方形平面外，禁面四周及禁体四侧均透雕云纹，云纹下面由数层粗细不同的铜梗组成错综复杂而又玲珑剔透的花纹。内层铜梗粗而直，支撑禁身；中层铜梗稍细，由上而下向两侧伸出后上弯；外层铜梗最细，呈相互独立的卷草状。禁体的上部四周攀附着12条龙形怪兽，它们凹腰卷尾，探首吐舌，面向禁中心，似拱卫铜禁，又似欲吞食禁面之物。禁下俯卧12只虎形怪兽，头饰高冠，

云纹铜禁

春秋（前770—前476）
通长131厘米，宽约68厘米，高约28厘米，禁面长103厘米，重约95千克
1978年河南淅川下寺出土

张口吐舌，撑托禁体。器物整体构思奇特，纹饰瑰丽，气势非凡，龙虎排列错落有致，铜梗云纹设计奇巧，工艺精湛，彰显着神秘而鲜明的楚风神韵。

而如此华美的几案，为什么要取名为禁呢？据专家考证，禁者，忌也，就是把它作为饮酒时的禁戒。商人嗜酒成风，到商纣王时期更是达到了无以复加的地步，"以酒为池，县（悬）肉为林，使男女倮（裸）相逐其间，为长夜之饮"。周王目睹了商朝的灭亡，认为商人灭亡的原因之一在于嗜酒无度，为了吸取这个教训，维护其长期的统治，同时也为珍惜粮食，保护农业的发展，周王坚决禁止周人酗酒，并发布了中国最早的禁酒令《酒诰》。其中规定：王公诸侯不准非礼饮酒，只有祭祀时方能饮酒；民众聚饮，押解京城处以死刑；不照禁令行事执法者，同样治以死罪。西周的统治者还将盛放酒器的案子称为"禁"，以警示后人。

云纹铜禁出土于河南淅川下寺 2 号楚墓，该墓位于淅川县丹江口水库西岸，虽曾被盗掘，仍出土了大量的青铜礼器、乐器、车马器、兵器等器物，其工艺之精，水平之高，令世人惊叹。由于在水库附近，考古挖掘期间，水库的涨落直接影响着工作进度，每当水落时考古工作者就抓紧挖掘，水涨了考古就被迫中止，这样的考古工作环境从 1978 年的 5 月一直持续到 10 月。当云纹铜禁出土时，禁体已经变形，且破裂成十余块，不少铜梗残断，无数云纹剥落，附兽不仅全部脱离禁体，而且大部分残缺不全。为了将其修复完整，河南博物院文物修复专家王长青先生带领徒弟，采用传统的文物修复技术对云纹铜禁开始了漫长的整形、补缺工作。

云纹铜禁（修复前）

经研究发现，云纹铜禁是采用失蜡法制作而成。失蜡法是我国古代三大铸造技术之一，究竟起源于何时，目前尚不清楚。《唐会要》卷八十九记载，铸造"开元通宝"钱已经使用蜡模，是我国目前所见到的有关失蜡法最早使用的文献。但事实上，失蜡法的发明远比这要早。1978 年，湖北随县擂鼓墩曾侯乙墓出土一件用失蜡法铸造的尊盘，表明在战国早期失蜡法已经出现。云纹铜禁的出土，更证实了在春秋中晚期时，失蜡铸造技术已经达到了相当高超和熟练的水平。

结合失蜡法工艺，王长青先生研究得出云纹铜禁的禁体制作过程，应该是由单独的 24 块多层透空蜡模和一块长方形平面蜡模组成，这 25 块蜡

云纹铜禁（俯视）

模分别捏制成模后，每块蜡模除边缘外，分别浇淋细泥浆至所需的厚度，待晾干后，将相邻蜡模依次拼对，边缘用蜡焊接，使25块蜡模成为一体。然后，再在蜡焊处浇淋细泥浆，晾干，使蜡模成为一个完整的铸型。加热烘烤，蜡模熔化，之后在空腔内浇铸铜液，即成禁体。禁四周攀附的12条龙形怪兽和禁底的12条虎形怪兽也是由失蜡法单独铸就，用铅锡合金铸接于禁体之上的。

在此研究基础上，云纹铜禁的具体修复工作开始有序推进。因为没有任何修复案例可以参考，王长青先生带领徒弟自己研究、设计，没有合适的工具，自己打制，遇到技术难题，刻苦钻研。其间使用了师爷清宫造办处"歪嘴于"自制并使用多年的工具"玛瑙轧子"，师傅王德山制作并使用多年的錾花小锤、錾花卡尺、刻花錾子，王长青先生还自制了专门的小锤、刻刀、刮刀及刻花錾子。就这样，清理断渣，分步整形，逐个补配。1984年年初，云纹铜禁主体修复基本完成，王长青师徒开始对云纹铜禁进行着色、作锈工。整整两年11个月，26道修复工序，数不清的尝试与失败，最终将这件精巧绝伦、工艺复杂的云纹铜禁还原并呈现给世人，创造了中国文物修复史上的奇迹。如今，云纹铜禁被陈列于河南博物院楚国青铜器展厅，迎接着数以万计观众的注目和礼赞，向人们展示着它的独特魅力。2002年，国家文物局发布《首批禁止出国(境)展览文物目录》，云纹铜禁名列其中。

2500年前，先民以高超的智慧和精湛的技艺，精雕细琢铸造了云纹铜禁；2500年后，文物修复工作者以认真敬业、一丝不苟的态度，精益求精地还原了云纹铜禁的真容。云纹铜禁彰显着中华民族灿烂辉煌的物质文明和精神文明，其中尤为可贵的正是我们千百年来代代相传的大国工匠精神。

错金蟠螭纹铜方罍 和错金龙耳铜方鉴

战国时期贵族使用的冰箱

这组青铜鉴、罍的发现，充分证明我国最晚在战国时代就已经发明了原始的冰箱，鉴与罍的完美组合，使用时的精妙设计，真可谓一举两得、其妙无穷，让人感叹不已。

错金蟠螭纹铜方罍，整体高 32 厘米，口边长 30.8 厘米。器物的肩部和腹部都出现了由错金银几何纹所组成的方形格栏，错金花纹细如毛发。格栏内装饰蟠螭纹，器盖顶部外缘四角有无花果叶状的装饰。整体造型简洁大方，装饰手法精细入微。

错金龙耳铜方鉴，整体高 21.6 厘米，口边长 15.6 厘米。呈方斗状造型，腹壁向器底斜缩，下部是方形圈足。在器物的口沿和颈部有错金镶嵌绿松石所组成的复合菱形花图案，外壁的方栏内有错金镶嵌的绿松石方形图案。四周攀附了四条龙形怪兽，龙头和四肢装饰几何纹样，身上还镶嵌绿松石。龙身蜷曲伏卧，龙头攀缘在口沿上作探水状，憨态之中又透出几分活泼，

错金蟠螭纹铜方罍（内）
错金龙耳铜方鉴（外）

战国（前475-前221）
20世纪70年代河南三门峡出土

错金龙耳铜方鉴

动感十足。器物表面平整光亮，构图工整，错金花纹精细均匀，工艺高超。

　　错金蟠螭纹铜方罍和错金龙耳铜方鉴出土的时候，铜罍放置在铜鉴内，铜罍的里面还发现了一件铜勺。这样的摆放方式引起了人们的极大兴趣。它们到底是做什么用的呢？《楚辞》中有一段话记载了关于古人夏季饮酒的习惯，说夏天饮酒，把酒糟末捞净，放置于盛有冰块的专用容器中进行冰镇，饮者喝起来感觉清凉，味道甘甜，达到避暑降温的目的。《楚辞·大招》中有"清馨冻饮"的记载，大意是说清澄过的醇酒冰镇之后更适宜在夏季饮用。可以想象，古代人在盛夏时节能喝上冰镇酒，自然是种莫大的享受。

罍是上古时期贵族用于盛酒或盛水的生活器皿，《诗经·卷耳》中有"我姑酌彼金罍"的记载。鉴，出现于西周时期，它的用途十分广泛。首先，它是古代用来盛水的大盆。根据专家考证，在铜镜普及之前，人们以"鉴"盛水照容颜，其功能类似于今天的镜子。在现代汉语中有"借鉴""鉴赏""鉴定"等常用词，就是由"鉴"的这种使用功能所引申、发展而来的。《庄子·则阳》中又有"灵公有妻三人，同鉴而浴"的记载，说明鉴也是可以用来盛水、沐浴的大盆。除了上述两种用途，鉴里面还可以藏冰，用于各种食物的保鲜和防腐。由此可知，鉴也成了我国古代最早的"冰箱"。

错金银铜方鉴与铜方罍是战国时期配套使用的冰酒器，想要冰酒那自然离不开冰，那么在炎炎夏日，当时又没有专门的制冰电器，所用的冰从何而来？《诗经·豳风·七月》中载："二之日凿冰冲冲，三之日纳于凌阴。"《周礼·天官·凌人》中载："凌人掌冰，正岁十有二月令斩冰，三其凌。"十二月，一年中最冷的季节，凌人去凿冰，一直干到正月，并将斩获的寒冰存放到冰窖里去。《风俗通》中载："积冰曰凌"，"阴通窖，地窖也"。冰窖在不同时期叫法不同，先秦时期称为"凌阴""凌室"，汉、魏、唐、宋时期称为"冰井"，明、清称之为"冰窖"。国家的冰务是统一规划和管理的，贵族用冰需通过"颁冰"的形式才能获得，即对冰的分配与赏赐。《夏小正·三月》有"三月，颁冰"的记载。我们根据宋魏了翁的《春秋左传要义》卷十中载："颁冰之法，云食肉之禄冰皆与"及《大戴礼记》所载的"颁冰者，颁冰以授大夫也"可知，大夫以上皆可享受颁冰。典籍中也多有关于诸侯、公卿大夫对于用冰的记载。《左传·襄公二十三年》记载了申叔豫夏天穿皮衣躺在冰室的冰床之上。《吴越春秋》则记载越王勾践出游时，休息食宿于冰厨。建安十八年（213），曹操在邺城建有冰井台，与铜雀台、金虎台并称三台。《邺中记》中记载冰井台有房屋140间，上有冰室，室有数口深井，每口深15丈，用于藏冰及石墨。这些古文献记载详细描绘了当时的人们取冰、藏冰时的情形，从而佐证了中国的藏冰历史已经有了近3000年之久。冬季，人们从河道上凿取冰块放置在地下，到了夏天再把冷藏的冰块取出来，放在铜鉴里面，以达到降温或食物保鲜的目的。至此，我们在这组成套出现的青铜罍、青铜鉴身上看出了一些眉目，原来它们竟然是用来温酒或冰酒的，是一套构思精巧、集实用性与艺术性于一身的青铜瑰宝！它们的工作原理是依靠放置在铜鉴内的冰块，使铜罍中的酒水降温，或者是在铜鉴内加入热水，使铜罍里面的美酒迅速升温。取酒的时候，只需要打开罍盖用铜勺挹取酒水就可以了。这组青铜鉴、罍的发现，充分证明我国最晚在战国时代就已经发明了原始的"冰箱"，而冷饮的出现也就一定不会晚于战国时代。鉴与罍的完美组合，使用时的精妙设计，真可谓一举两得、其妙无穷，让人感叹不已。

铜罍、铜鉴除设计精妙以外，嵌错工艺的使用，让两件器物显得富丽华美。所谓青铜嵌错工艺，即在铸造好的青铜器的表面嵌入其他材料的丝片，再用错石在青铜器表面错光磨平，从而构成了纹饰图案或文字。但在制造一些特殊器物时，可能只有镶嵌而没有错平，如有的青铜器用绿松石或宝石等镶嵌某一部位，则无须磨错平整。青铜器的镶嵌材料就目前所知，主要有红铜、绿松石、玉石、金、银、铁等。利用青铜与另外的材料颜色对比，使嵌入的纹饰或文字更加清晰、鲜明和美丽，使一件器物不仅具有实用价值，而且赋予它艺术效果和文化价值。

错金蟠螭纹铜方罍和错金龙耳铜方鉴的发现，让我们近距离感受了古人的生活习惯。它们精良的铸工，富丽的纹饰，优美的造型，反映出战国时期青铜镶嵌以及错金银工艺高度发展的历史风貌，是展示我国古代工匠想象力和创造力的又一组青铜佳作。

泥条盘筑

泥条盘筑是陶器成型的一种原始方法。仰韶文化时期制坯还停留在手制阶段，不少小件器物仍采用直接捏塑的简易方法。仰韶文化中期以前，一般都采用泥条盘筑法制坯造型，后来出现了用慢轮修整口沿部分的技术。使用泥条盘筑法制坯时，先把泥料搓成长条，然后按器型的要求从下向上盘筑成型，再用手或简单的工具将里外修饰抹平，使之成器。用这种方法制成的陶器，内壁往往留有泥条盘筑的痕迹。由于此法能够充分显示材料性能和工艺制作特点，表现创作的随意性，具有质朴、粗放、自然的特点，因而也被运用于现代陶艺创作之中。

兽面纹青铜饰件

王室气派

这件青铜构件的发现丰富了已知商代建筑材质的类别，对于研究郑州小双桥遗址和我国古代建筑发展史具有十分重要的意义。

这件郑州小双桥遗址出土的兽面纹青铜器物，纹饰精美，形态特殊，它不是一件完整的青铜器皿，根据发现位置和出土时的状态判断，它仅是一个建筑构件，是目前已知青铜质类器物使用于建筑物上的最早实物。呈方体结构，正面近正方形，左右两侧面呈近平行四边形状，中间有长方形孔，构件正面上下两边，侧面三边及孔内侧均有内折边，上面折边正中有凹槽，且折边呈微向上倾斜状，整体俯视呈"凹"型。器物纹饰布局严谨，刻画精细，正面为阴线勾勒出的兽面纹，兽面的双角巨大，有分叉；两目圆睁，眼角上扬；长鼻，阔口利牙。器物两侧面的纹饰相近，皆为一幅龙虎搏象图案。图案上侧和右侧为一曲体龙纹，龙怒目突出，眼角上扬。下

兽面纹青铜饰件

商前期（前1600—前1300）
高19厘米，横18.8厘米，纵16.3厘米，重6千克
1989年河南郑州小双桥出土

方为一虎纹，虎腰背弯曲，虎口大张，爪牙突出，呈攻击状。左侧为一象形纹饰，象头在龙首下，尾在虎口前，象首长鼻上卷，眼睛倒立，四肢作蹲卧状。这件青铜构件的发现丰富了已知商代建筑材质的类别，对于研究郑州小双桥遗址和我国古代建筑发展史具有十分重要的意义。

郑州小双桥遗址位于郑州市西北 10 多公里处的小双桥村，面积达 144 万平方米，考古工作者先后 3 次对其进行了系统地调查和发掘，1995 年该遗址被评为"全国十大考古发现"之一。小双桥遗址堆积时间较短，但文化内涵却十分丰富，就其性质问题，考古界有多种不同意见。有人认为该遗址是商代仲丁王之隞都，有人认为是郑州商城的离宫别馆或宗庙遗址，还有人认为是郑州商城末期的祭祀遗址。据考证，遗址的文化年代早于安阳殷墟，与郑州商城的衰落年代相当，属于白家庄期，是目前所发现的处于郑州商城和安阳洹北商城之间的唯一一个白家庄期的具有都邑规模和性质的遗址。它的发现，对研究郑州商城的性质和进一步解决商都地望等夏商周文化的重大课题具有重要意义。历年来对小双桥遗址的发掘，主要集中在遗址东北部一带的中心区域，发现有夯土墙、大型高台夯土建筑基址、宫殿建筑基址、小型房基、大型祭祀场、祭祀坑、奠基坑、灰沟及与冶铜有关的遗存等文化遗迹及大批质料各异、种类繁多的文化遗物。其中尤以 1985 年与 1989 年在三座建筑基址附近发现的两件金属建筑构件和在宗庙祭祀区出土的陶缸上的朱书文字引人注目。

这件青铜建筑构件上的纹饰很有意思，正面为单线阴刻兽面纹，侧面为龙虎搏象图纹，造型别致，纹饰精美。尤其是将龙、虎和象设计在一幅画面之中，并通过对动物神态、动作的刻画来表达一定思想含义的设计理念，在当时实为少见。据《吕氏春秋·古乐篇》记载："商人服象，为虐于东夷，周公遂以师逐之，至于江南。"这个图案中龙威虎怒，象在龙虎夹击下倒目蹲卧，现臣服之态，和文献记载相吻合，说明商代中原地区不仅有象，而且已将其降服。

既然说这是一个建筑构件，那它究竟置于建筑的哪个位置，又有何用处呢？有学者认为它是宫殿木梁前端的装饰，也是加固木梁的构件。有的专家则持不同意见，张俊儒在《兽面纹青铜建筑构件》一文中认为有两个部位可能更合适：一是带有穿插枋一类木作构件的建筑上的穿插枋枋头，一是带有出头的类似"Ⅱ"形的架子的上部横木的出头部位。如果是后者，那么青铜建筑构件就不是原来意义上说的房屋建筑上的构件，而是室内陈列木作结构上的构件。这几种能安装青铜建筑构件的设想部位是否合理，还需进一步论证，但将如此精美的青铜构件运用于建筑装饰上，还真是让人出乎意料，足见商王宫殿的奢华气派！

现知我国保存较为完整的木构建筑最早能到唐代。唐代以前的木构建筑则大多只留有不易腐败的房基、柱础、砖瓦和装饰性铜构件等，正是由于在郑州小双桥遗址发现了青铜建筑构件，才将我们所了解的铜质材料使用到建筑上的历史提前到了商代早期，而商代早期工艺美术水平之高着实令人慨叹！

兽面纹提梁铜卣

承启之作

这件兽面纹提梁铜卣通身装饰华美富丽的纹饰，是商代前期青铜器装饰艺术的一个重大突破，为商代晚期繁缛的铜器纹饰开了先河。它独一无二的美需要我们仔细地观察和体会。

　　我国的酿酒历史悠久，酒文化源远流长，在诗、词、歌、赋，各类古代文献典籍中，关于酒的记载不胜枚举。相传商纣的亡国原因之一就是嗜酒。这件兽面纹提梁铜卣（音同有）就是商代常见的盛酒器。它小口，鼓腹，体态修长，做工精美。铜卣的盖顶隆起，上面有一枚菌状钮。肩部装饰提梁，提梁的一端有一个套环链与器盖上的柱钮相连接，设计巧妙。铜卣的器盖上装饰夔纹，盖钮顶端装饰涡纹，提梁的两端为蛇头形状。铜卣颈部饰多组菱形纹，腹部装饰兽面纹，圈足上有两组连珠纹和一组兽面纹，并有四个"十"字形镂孔。从这件酒器的精美程度，我们不得不感叹古人对酒的喜爱和重视，而如此精雕细琢的器皿应不仅仅是生活用具，也充当

兽面纹提梁铜卣

商（前1600—前1046）
通高50厘米
1982年郑州向阳回族食品厂商代窖藏坑出土

了青铜礼器的角色。

铜卣，绝大多数有提梁，提梁两端大多饰兽首，多有盖。依器体可分圆体、扁椭圆体、方体、筒形和动物形等，青铜卣流行于商代晚期和西周早期，西周中期始退化。商代以圆体卣居多，西周流行椭圆体卣，动物形卣以商代晚期居多，到西周早期已少见。

这件兽面纹提梁铜卣器体，远不及动物形卣造型生动、别致，但它独一无二的美需要我们仔细地观察和体会。这件铜卣，提梁造型别致，连接形式独特，为了消除这些夸张部分对于整体平衡和外观的不利影响，工匠们在器物的正横向和纵向的比例上做适当地调整，达到了和谐统一的效果。另一点令人惊叹的是，从目前发现的夏代和商代早期的青铜器来看，由于铸造工艺和装饰技术的相对滞后，青铜艺术风格质朴，纹饰简约，青铜器多光素无纹或饰单层花纹。而这件兽面纹提梁卣通身装饰华美富丽的纹饰，是商代前期青铜器装饰艺术的一个重大突破，为商代晚期繁缛的铜器纹饰开了先河。这也就是为什么反复提到它"精美"的原因所在。

从纹饰的布局来看，商代早中期的纹饰多为单层，到商代晚期开始流行"三层花纹"的装饰手法。所谓三层花纹即包括主纹、地纹和细纹三层纹饰。地纹有打底、衬托主纹之意，常见以云雷纹衬底。主纹是器表鼓出的粗纹，有饕餮纹、夔纹等，凸于器物的表面之上，更显立体、醒目。细纹即在主体纹饰上又装饰有阴线纹。这种艺术手法装饰效果极强，层层叠叠的线条把各种花纹加以抽象变化，采用极为精细的几何纹和深浅凸凹的

兽面纹提梁铜卣纹饰

浮雕形式，构成了形形色色的图案。处于过渡阶段的这件铜卣，纹饰虽没有商代晚期纹饰的繁复复杂和高浮雕的强烈效果，但几乎满饰的图案和兽面纹微凸的双目，依然显示出了它纹饰的层次感和立体感。

这件铜卣上装饰精美的兽面纹和夔龙纹，是商周青铜器上的典型纹饰，其虚幻、奇异、狞厉、神秘的艺术表现代表了商周青铜器的艺术风格。兽面纹，也称饕餮纹。"饕餮"是传说中极为贪食的恶兽，贪吃到连自己的身体都吃光了，所以其形一般都有头无身。《吕氏春秋·先识览》中记载："周鼎着饕餮，有首无身，食人未咽害及其身，以言报更也"。饕餮纹布局一般以鼻梁为中线，两侧作对称排列，成兽面形象，大眼、有鼻、双角，通常没有下唇。也有使用两个夔纹对称排列，组成饕餮形象的例子存在。夔龙是古代传说中的一种奇异动物，似龙而仅有一足。汉代许慎《说文解字》记述："夔如龙一足。"夔龙纹通常指那种长身弓起，头上有角的侧面龙形图像，有的腹下有鳍形足，有的没有。其变化很多，使用灵活，有的夔纹已发展为几何图形化的装饰。在青铜器上频繁出现的这类动物变形纹饰，神秘而有威慑力，它们的宗教和权力的象征意义已超越其作为表面纹饰的装饰性，即便是经过了几千年的文明洗礼，淡化了它的本来功用，但这些纹饰仍然给人严肃、虔诚、凝重的压力感。

关于卣，还有一个奇迹！我国现存年代最早的酒就是被装在一件青铜提梁卣内被保存下来的。这件卣发现于河南信阳地区的罗山县商代墓葬中。发现时密封完好，虽然经历了三千多年的水解、醇解和氨解等一系列化学变化，古酒依旧没有完全挥发，至今散发着醇香。经河南省食品科学研究所测定，出土的酒每百毫升中含有 8.239 毫克甲酸乙酯，为香酒。

青铜器纹饰

纹饰是青铜器上的装饰纹样，题材广泛，各类纹饰的发展演变情况为鉴定青铜器提供了重要的依据。青铜器纹饰按大类分有几何纹、动物纹、植物纹、人物纹和建筑纹五大类，进一步细化则包括：几何纹——弦纹、直线纹、斜线纹、乳钉纹、云雷纹、勾连雷纹、乳钉雷纹、目纹、涡纹、绳纹、连珠纹、瓦纹、鳞纹、贝纹、重环纹；动物纹——饕餮纹、龙纹、夔龙纹、蟠螭纹、蟠虺纹、象纹、虎纹、鹿纹、兔纹、龟纹、犀纹、牛纹、鸟纹、蝉纹、蚕纹、蟾蜍纹、鱼纹；植物纹——叶脉纹、四瓣花纹、采桑纹；人物纹——人面纹、虎食人首纹、狩猎画像纹、车马狩猎画像纹、弋射画像纹、采桑画像纹、攻战画像纹；建筑纹——宫室纹。

莲鹤方壶

青铜时代的绝唱

莲鹤方壶，历经坎坷却风采依旧。它静静地伫立在展厅之中，不张扬却异常吸睛，为驻足于前的人们细细诉说着历史的变迁，引领人们走向记忆中的春秋岁月。

　　这件莲鹤方壶是河南博物院的镇院之宝，它气派宏伟，典雅华美，铸造精湛，堪称春秋时代青铜工艺的典范之作！铜壶为椭方形，长颈鼓腹，器身上下满饰华丽奇诡的装饰。颈部两侧饰两条回首观望的龙形怪兽，形态夸张，构成了铜壶的双耳；腹部四周攀附着几条翼龙，蜿蜒狞厉，似乎正缓缓向上爬行；底部铸造了两条张口咋舌、侧首回望的龙形怪兽，正倾其全力承托着器身，似不堪重负。铜壶表面布满蟠螭纹，纹饰相互缠绕，不分主次，四面延展，富于动感。铜壶周身的装饰物象众多，但杂而不乱，层次清晰，神龙怪兽，神态各异，这种设计正是商周时期青铜器代表性的装饰手法，给人以庄严狞厉、稳健恢弘之感。然而，莲鹤方壶装饰中最为

莲鹤方壶

春秋（前770–前476）
通高116厘米，重65千克
1923年河南新郑郑公大墓出土

精彩的部分还属上层盖顶部位，装饰有仰起怒放的 10 组双层镂空莲花瓣，在莲瓣的中央伫立着一只亭亭玉立，引颈展翅的仙鹤，姿态轻盈、栩栩如生，表现出清新自由，轻松活泼的美感。盖顶与器身的装饰风格迥然不同，但就在这莲鹤方壶上竟将传统的庄严、稳健、狞厉之美与自由、活泼、轻快的写实之美完美地结合一体，尽显气势恢弘的王者风范。春秋匠人的精湛技艺和独特构思，着实令人叫绝。

　　郭沫若先生曾以极富文采的语言赞美莲鹤方壶道："盖顶一鸟耸立，张翅欲飞，壶侧双龙旁顾，夺器欲出，壶底两螭抗拒，跃跃欲试，全部格局，在庞然大器的附着上，有离心前进动向，最足象征争求解放迎接曙光的时代精神。此壶全身均饰浓重奇诡之传统花纹，予人以无名之压抑，几可窒息。乃于壶盖之周骈列莲瓣二层，以植物为图案，而于莲瓣之中央复立一清新俊逸之白鹤，翔其双翅，单起一足，微隙其喙作欲鸣之状，余谓此乃时代精神之一象征也。此鹤突破上古时代之鸿蒙，正踌躇满志，睥视一切，践踏传统于其脚下，而欲作更高更远之飞翔。此正春秋初年由殷周半神话脱出时，一切社会情形及精神文化之如实表现。"郭沫若先生的评价，凝练地归纳出了春秋时代青铜礼器在总的风格上的变革趋势。春秋战国交替之时，正是我国奴隶制度瓦解、封建思想兴起的过渡时期，旧的礼制迅速崩溃，新的观念正在形成，在青铜器的艺术表现上，也正在开创一代新风，而莲鹤方壶正是这一"时代精神之象征"，开启了中国青铜艺术风格的新篇章。

莲鹤方壶的艺术价值和历史价值令人震撼，然而进一步了解了莲鹤方壶的科学价值后，人们就更加明白莲鹤方壶能称得上是青铜艺苑中的一件稀世珍宝，乃实至名归。莲鹤方壶形体高大，装饰工艺采用了平面、立体、浮雕、圆雕、镂空等多种手法，这种复杂的装饰效果，并非"一铸而就"，而需采用先进的分铸、合铸以及焊接工艺等才能完成，反映了当时中原地区高度发达的青铜文明。所谓分铸法，首先，要制作出青铜器的模子，然后在模子上翻制外范，经过烘烤的外范以纹饰为单位进行分割，再将切分好的多块外范拼装成一个整体，最后浇入铜液，待凝固后取出器物，经过表面的打磨加工，一件完好的青铜器就铸造完成了。多范合铸技术的熟练应用，在莲鹤方壶的身上体现得更是淋漓尽致。经研究发现，莲鹤方壶的铸造经历了一个复杂而有序的过程。先将整体器物统一设计，制成坯型，然后分部位进行制模翻范，壶身被分解为三段二十四块，每块上的纹饰自成单元又相互联系。铸造的时候，仙鹤、莲花、龙等配件都是事先铸好，然后再整体合铸或焊接到壶身上。龙、怪兽、仙鹤等在泥范制作时，需要工匠掌握高超的雕塑技巧，才能刻画出如此精细传神的形象。由于器形较大，工艺复杂，浇铸的时候需要多人的密切配合、协作才能完成最后的铸造。

　　分铸法的起源可以追溯到商代，春秋时期这种技术更是成为当时铸造工艺的主流，正是这一时期新思想的出现和成熟工艺的结合再一次将中国青铜文化推向了一个新的高峰。莲鹤方壶是中国铸造工艺史上的杰出成就，它解开了结构复杂的大型青铜器的铸造奥秘，展示了匠人在平凡劳动中的

莲鹤方壶顶部镂空莲花瓣和展翅欲飞的仙鹤

独具匠心和卓越创造，堪称我国青铜艺术宝库中的一颗璀璨明珠，被专家们一致誉为"青铜时代的绝唱"！

《诗经》中有"清酒百壶"的记载，壶在古代被用作盛酒器或盛水器。铜壶在商代就已出现，到了春秋战国时期更为盛行。壶的造型多样，有圆、方、椭方、扁、八方体等。它既是实用器，也作为重要礼器在宗庙祭祀、宴飨宾客等重大场合使用。莲鹤方壶形体高大，装饰华美，并非是普通的盛酒之器，很有可能是一件重要的陈设品，是主人地位、财富、实力的象征。

那莲鹤方壶的主人究竟是谁呢？想抽丝剥茧，了解真相，就要从莲鹤方壶的身世入手。在这段尘封的历史记忆中连缀着一个个耐人寻味的传奇故事。

1923年盛夏，河南省新郑市李家楼村的乡绅李锐在自家菜园里发现一座古墓，他做梦也不会想到，那竟然是春秋时期的郑公大墓，里面安睡的是郑国的一代国君。李锐将挖出的青铜珍宝挑选了几件去卖，发了一笔横财。此时恰逢北洋陆军第十四师师长靳云鹗到新郑一带巡访，听说李锐挖到国宝还随意出卖的消息，马上出面阻止，收缴了挖出的文物，并追回了被卖的文物。之后，又组织工兵继续挖掘，共出土青铜器100多件，其中就包括2件造型设计、纹饰、大小几乎完全一样的精美绝伦的莲鹤方壶。面对如何处理这批珍贵文物的问题上，靳云鹗的态度十分明确："钟鼎重器，尊彝宝物，应该归于公家。"靳云鹗的义举博得了一片赞扬之声。在发掘结束后，靳云鹗派人把这批文物押运到当时的河南省省会开封，交由河南古物保存所接收保护。

1927年6月，时任国民革命军总司令、河南省政府主席的冯玉祥将军提出了"教育为立国根本要政"的主张，极力扶持文化教育事业，倡议在河南成立一所博物馆。同年7月，河南省博物馆在开封法院西街（现今开封市三圣庙街）正式成立，郑公大墓中出土的文物，也成为当时河南省博物馆的首批收藏，而河南省博物馆就是现今河南博物院的前身。

伴随着近年来郑韩故城考古工作的不断深入，昔日郑国的身影也越来越清晰地呈现在后人的面前。公元前806年，周宣王封其弟姬友于郑（今陕西省华州区）。公元前770年，周平王东迁，郑国也随之迁到洛阳以东，并灭虢国、郐国，在此建都，取名为"新郑"。随后，郑国的势力不断扩大，由一个关中小国迅速发展成为位居中原核心地带的强国之一。郑国鼎盛时期的疆土范围辽阔，北至黄河、南到许昌、东到开封、西到荥阳。尤其是郑庄公在位时，侵陈伐许，破息攻宋，大败北戎，以至于后来同周王室交换世子，抗击周王统率的陈国、蔡国和卫国联军的进攻，大破王师并射伤周恒王，成为春秋初期一个相当活跃的小霸主。公元前375年，韩国军队攻破新郑，郑国400余年的历史至此画上了句号。韩国占据新郑之地，又历经百年的发展，于公元前230年为秦所灭。今天在新郑市区附近双洎（音同记）河与黄水交汇处，还能看到郑韩故城城墙，大部分城墙尚存，最高处达18米。故城分东西二城，周长19公里，西城中部有一座小城，应是当时的宫城。1923年在李家楼发现的郑国大墓就位于郑韩故城西城南部，出土的百余件青铜器多为礼乐器、车马器和兵器等。当时正值中国考古学发轫之初，学者纷至沓来，观者空巷塞途，中原国粹为世人瞩目。

春秋时期，中国的意识形态领域空前活跃，出现了百家争鸣的盛况。郑国位于中原腹心，晋、楚两个大国之间，特殊的地域位置使三国在政治、经济、军事上相互联系，相互牵制，在文化艺术上自然也呈现出交融之势。特别是楚地浪漫的文化气质，在艺术造型上洋溢着一种舒放、飞扬、运动的生命力，与中原固有的威严、肃穆、恢弘的审美风尚形成鲜明的对比，它轻灵、奇巧、写实的表现手法，更接近人们的生活，一旦被引入很容易受到人们的喜爱。从李家楼郑公大墓出土的这批青铜器来看，既有晋地器物为代表的中原色彩，又有楚地器物的飘逸风韵，可以说，郑地是中原文化南传和楚文化北传的第一驿站，而莲鹤方壶就是这段南北文化交融过程中的历史再现，它反映了一种新兴的生活观念和艺术追求。

至此可知，莲鹤方壶既彰显了时代的变革，又是地域文化交融的物证，加上它显赫的"身世"和精湛的铸造工艺，在东周青铜器中占有极为重要的地位，为研究东周时期的政治、文化和社会生活提供了宝贵的实物资料。

金缕玉衣

渴望永生的殓服

这件严丝合缝的玉衣出土时已经散乱，经修复的玉衣长度为 1.76 米，由 2008 块玉片用金丝编缀而成。分为头罩、脸盖、上衣、手套、裤筒、脚套六个部分，玉片间缝隙不超过 0.3 毫米。

河南永城市北约 30 公里处的芒砀山，是豫东地区惟一的一处山峦。很难想象，在 14.5 平方公里的群山之间，竟然埋葬着八代梁王及他们的王后，还有无数的皇亲国戚及历代达官贵人，附葬在他们周围地势较矮的山坡上，形成神秘莫测的王室墓葬群，共包括 13 座墓葬，总占地面积约 550 万平方米。斩山作廓，穿石为藏，结构复杂，气势恢弘，宛如庞大的地下宫殿。主要有梁孝王陵、王后陵、梁共王陵、僖山汉墓等。

汉梁王墓群历史上多次被盗，史籍记载最早的盗墓者是曹操。东汉末年，曹操设专职盗墓机构和职务，称摸金校尉、发丘将军。文献记载曹操为扩军备战，发梁孝王冢，破棺，收金宝数万斤，运七十二船，养兵三年。

金缕玉衣

西汉（前206—25）

通长1.76米

1986年河南永城芒砀山僖山汉墓出土

金缕玉衣（局部）

1968 年，文物工作者对此墓进行抢救性发掘，出土了不少珍贵文物，如陶鼎、陶壶、陶罐、陶豆，铁质灯具、锤等生活用具和刀、剑镞等兵器，还有玉舞人和玛瑙杯，最珍贵的就是僖山汉墓的金缕玉衣。

玉衣出土时已经散乱，经修复的玉衣长度为 1.76 米，由 2008 块玉片用金丝编缀而成。分为头罩、脸盖、上衣、手套、裤筒、脚套六个部分，另外附有供手握的玉猪、口含的玉蝉、玉耳塞、玉鼻塞等。玉片间缝隙不超过 0.3 毫米，仅头罩顶部中央使用璧形玉片留出一孔。另外，在链接玉衣的六个部分时，工匠们采用了现代裁剪所使用的卷边手法，力图使玉衣严丝合缝，成为一个整体。

在中国玉文化发展进程中，两汉是一个重要的转折时期，玉器的礼制性作用在经历了新石器时代和商周的发展之后达到了巅峰。汉代玉器的显著特点是走向极端迷信化的葬玉，汉之后，佩饰玉逐渐融入现实生活，葬玉逐渐消失，中国玉器进入了另一个新的发展阶段。因此，可以说汉代是丧葬玉的黄金时代。所谓丧葬玉，顾名思义，指为下葬而制作的、用于殓尸的玉器。丧葬玉起源很早，良渚文化许多大墓出土的大量玉器表明，丧葬玉可以追溯至良渚文化时期。江苏省常州市武进寺墩三号墓和浙江省杭州市余杭区反山大墓中的玉器遍布墓主全身。龙山文化时期，已出现了专门放置死者口中的玉琀，口中含玉的丧葬习俗一直延续到商代。周代，丧礼进一步完善，也随之发展出一套在整个丧礼过程中为死者特设的玉器，如装饰棺椁的用玉，遮盖面部的玉覆面，含在口中的玉琀，握在手里的玉握，胸前和后背铺垫的玉璧，足端安放的踏玉等。玉衣开始出现的时间大约是汉文景时期，汉武帝时开始流行。这期间的金缕玉衣没有上身、袖子和裤筒，只有面罩、玉帽、两只玉手套和两只玉鞋。山东临沂刘疵墓出土的西汉早期玉衣就是其中的代表，而且玉衣中有的玉片是用其他的残玉器改制而成的。这样的用意似乎在于以点代面，即用身体最末端的几个点来代替全身，起到象征性的作用，是缀玉面饰向玉衣的过渡形式。大概也与当时的玉料稀少有关。汉武帝时期，随着张骞出使西域，与西域各国建立友好关系，大量和田玉通过丝绸之路运往内地，玉衣的形制也在充足的制作原材料支撑下渐趋完备，制作技艺日趋成熟，形成了由头罩、上身、袖子、手套、裤筒和鞋子六部分组成，且外观与真人形体相同的玉衣。东汉末年群雄混战，陵墓在光天化日之下被盗掘之事日盛一日，直到曹魏黄初三年

（222），魏文帝曹丕吸取了汉代诸陵由于敛以金缕玉衣而遭盗掘的教训，废除了使用玉衣的制度，长达 4 个世纪的厚葬之风暂时得到了抑制。

金缕玉衣作为帝王贵族身份的象征，有非常严格的制作工艺要求，汉代设有专门从事玉衣制作的机构，称东园。玉衣本身的设计与制作非常科学。制作之初，能工巧匠们会先制作一具人体模型，根据人体各部位的不同形态，在上面画出数以千计的不同形状和大小的行格，逐格编号。然后从大量的玉材中进行选料、开片，再根据人体模型编号的形状磨制玉片，接下来是钻孔、抛光，最后用金丝缀结。有学者按照汉代生产力和生产水平粗略的估算，制作一件中等型号玉衣所需费用相当于当时一百户中等人家的家产总和。玉衣制作费用、技术难度高，所以普通人是没有机会享用的，即便是皇室成员也有严格的要求。《后汉书》记载：皇帝死后，用金缕玉衣；诸侯王、第一代列侯、贵人、公主死后用银缕玉衣；大贵人、长公主用铜缕玉衣。

汉代帝王宗室之所以使用金缕玉衣，主观的原因有两个方面：第一，汉人继承并发展了儒家"贵玉"的思想，在儒家思想的影响下，玉石被赋予了多重美德，甚至神圣化。第二，为了保存尸骨不朽。《后汉书·刘盆子传》记载，赤眉军攻入长安"发掘诸陵……有玉匣敛者率皆如生"。直到晋代，炼丹家葛洪在他的《抱朴子》中还说道："金玉在九窍，则死人为之不朽。"汉代统治者认为用昂贵的玉衣作殓服，且以玉堵住人体九窍，这样就能使人的精气不外泄，从而达到防腐，祈求灵魂不散，继续享用生前的荣华富贵。

可是丰厚的随葬品吸引着一代又一代盗墓者，于是出现了汉王生前想想都会战栗的一幕：盗墓者拆开金缕玉衣，把汉王的尸骨抛到一边，抽取玉衣上的金丝，到市场交易。玉衣被拆开的那一瞬，渴望肉身不腐、灵魂常在的汉王魂飞魄散，他希望用金缕玉衣让自己永生的梦想随之破灭，永生的却是汉代劳动者的智慧和汗水。

汉代玉衣知多少

我国目前已经出土玉衣的西汉墓葬共有18座，其中金缕玉衣墓有八座。比较有代表性的是河北省满城西汉中山靖王刘胜玉衣、刘胜之妻窦绾玉衣、定县西汉中山孝王刘兴玉衣、江苏省徐州东汉彭城靖王刘恭玉衣、安徽省亳州东汉末年曹操的宗族玉衣、永城芒砀山梁王玉衣。满城汉墓刘胜的玉衣共用玉片2498片，金丝重1100克。其妻窦绾的玉衣共用玉片2160片，金丝重700克。

玉虎形踞坐人

虔诚的守护者

这位人、虎、鸮三者合体的守护者在极具仪式感的环境下被放在墓主人的身边，在地下面对千年的黑暗陪伴着沉睡的主人。

玉虎形踞坐人，1997 年出土于鹿邑太清宫长子口墓，墓中出土各类器物近两千件，其中不乏文物精品。玉虎形踞坐人整体呈微透明的绿黄色，顶部有褐色沁斑，整个玉人用圆雕手法雕刻。玉虎形踞坐人造型独特，构思奇巧，从正反两面看呈现不同的内容。从正面看是踞坐状虎首人身形象，虎昂首，阔口中倒钩状的牙齿清晰，长圆形双目，虎视眈眈，半圆形双耳。虎头以下为人身形状，身着衣，体前倾，双手扶膝。从反面看，呈鸱鸮形，鸮鸟蹲立，耳后倾，钩鼻，圆目突睛，喙下开有圆孔，人背作鸮身，人作双翼，人之双足作鸮足，昂首挺胸，怒视前方。

踞坐也称跪坐，指两膝及小腿着地，脚跟托承臀部，上身直立，现在

玉虎形踞坐人

商后期（前1300—前1046）
高5厘米，宽2.5厘米，厚2.8厘米
1997年河南鹿邑出土

日本的传统住宅中仍采取这种坐姿。如今我国已完全采用垂足坐，垂足坐源于东汉末期胡床的传入以及佛教跏趺坐的影响。胡床又称交床，类似于今天的马扎。陶毂在《清异录》中记载："胡床施转关以交足，穿便绦以容坐，转缩须臾，重不数斤。"后来经过唐代的推广，到了宋代坐具有了全面的发展，靠背椅、扶手椅、圈椅纷纷出现，并影响至今。总之，随着坐具的传入、发展和创新，我国完全舍弃了传统的跽坐形式，玉虎形跽坐人为我们探索和研究古代跽坐模式提供了线索。

玉虎形跽坐人的背面为一完整的鸱鸮形象，鸱鸮俗称猫头鹰，在我国早期艺术中屡有出现，如在六七千年前的仰韶文化就有不同形式的表现。商代，以鸱鸮为主题的各种艺术造型更是达到了顶峰，在青铜器和玉器上的表现更为突出。商代青铜器上存在着大量的鸱鸮形象，有些是在器身上刻画鸮纹，有些是塑造成鸱鸮形的器物。河南殷墟妇好墓出土了六件玉制鸱鸮，西安也有玉鸮出土，不妨这样理解，对鸱鸮的信仰不仅限于王畿地区。

从大量出现的商代鸱鸮形象可以推断，殷人对鸱鸮有着特殊的情感，这种情感断然不是像后世将其当作恶鸟，充满厌恶之情。在重鬼尚祀的商代，大量出现的鸱鸮以及诸多变形的鸱鸮形象，都应与宗教信仰相关，关于商代鸱鸮所包含的文化或精神，学术界有不少讨论。刘敦愿在《夜与梦之神的鸱鸮》中谈到鸱鸮类猛禽象征威猛，与兵刑之事相联系，鸮鸣是战争胜利的象征，同时，鸱鸮是夜神和梦神的象征。黄厚明、陈云海在《中国文化中的猫头鹰信仰》中提出殷人相信祖先的灵魂总是在夜间出没，而鸱鸮就是背负祖先灵魂飞行的夜鸟，在殷人眼中鸱鸮成了祖先的化身，其鸣叫也被视为祖先发出的呼喊。叶舒宪在《玄鸟原型的图像学探源》中通过四重证据法探究玄鸟原型，认为玄鸟的"玄"通"旋"，契合了鸱鸮头和眼睛的大角度旋转特点，故"玄鸟"是鸱鸮。与叶舒宪持共同观点的孙新周在《鸱鸮崇拜与华夏历史文明》中也认为"天命玄鸟，降而生商"的玄鸟就是鸱鸮，鸱鸮还是商民族的生殖神、农业保护神和太阳神，是古物候历法的标志物，鸱崇拜文化现象的实质是古物候历法与天文历法的统一。

"降而生商"的玄鸟是否是鸱鸮，尽管在学术界仍是焦点问题，争论之声不绝，但大量的鸱鸮形青铜器、玉器、陶器的出土，以及各类文物上出现的鸱鸮纹饰可以确定殷人对鸱鸮确实有着独特的偏好和崇敬。商代先民眼中的鸱鸮不仅神圣，并在其信仰体系中充当着重要的角色。

这位人、虎、鸮三者合体的守护者在地下面对千年的黑暗陪伴着沉睡的主人，直到考古学家的手铲叩击大地，玉虎形跽坐人才重新见到了光明，并默默地向我们传递一种信息：中原的能工巧匠精心选材极尽巧思设计并琢磨成器，在极具仪式感的环境下被放在墓主人的身边，携带着人、鸟、兽合体的时代艺术气质，传递着中原发达的治玉技术，正襟危坐的恭敬与怒目圆睁、阔口利齿的勇猛，表达着一位守护者的强悍与虔诚。

玉韘形佩
尽显动态之美

这件玉韘形佩体量虽小，却以纹饰取胜，它集汉代艺术风格特征于一身，经透雕镂空之后，呈现出了玲珑剔透、活泼流动的艺术效果，为玉佩增添了一份空灵之感。

位于河南永城市东北 30 余公里处的芒山，面积 20 余平方公里，是芒砀山、保安山、僖山、黄土山、铁角山、夫子山等山的总称。古时也称砀山，秦时设砀郡、砀县，秦末汉高祖刘邦曾避乱于此，西汉时为梁国辖地，梁孝王家族的王室陵墓分布在芒山的各个山头之上。僖山墓位于芒砀山东的僖山东端峰巅。1986 年，经商丘地区博物馆发掘，确定僖山墓为西汉末期梁国的一位国君之墓。该墓出土器物多为兵器和礼器，其中有金缕玉衣、玉璧、玉剑饰、玉佩饰等大量精美的玉器。出土的这件玉韘（音射）形佩非常精巧雅致，白玉，体为扁长椭圆形，中间有一圆孔，一面微鼓，另一面稍下凹，以阴线雕刻勾连云纹，两侧饰透雕流云纹附饰，细部以阴

玉韘形佩

西汉（前206—25）
长7.4厘米，宽4厘米，厚0.5厘米
1986年河南永城芒山镇僖山汉墓出土

线刻卷云纹。此玉佩雕琢精细，技法高超，玲珑剔透，形制在西汉晚期韘形佩中具有代表性。这类玉佩装饰效果强，多出土于王室或高级贵族墓地中，常发现于墓主的腰间，说明玉韘形佩不仅有装饰性，也被古人赋予了身份、地位、财富的象征。如此美好的玉佩，为什么有着如此奇怪的名字呢？这还要从韘形佩的前世"韘"谈起。

韘是一种射箭钩弦的实用工具，通常由木、骨、玉等材质制成。古人在射箭时，将它戴在右手大拇指上，再用韦（一种柔皮）固定，这样拉弦开弓时，弓弦就不容易将手指勒伤。所以韘的形制基本上都是圆柱状，中空，一端平齐，另一端呈斜面。正面下端一般有两个小圆孔，背面有一个较深的勾弦用的横凹槽。到东周时期，韘的形制开始发生变化，器身逐渐变低，呈心形盾状，侧面突出一小钩，一些韘上也没有了容纳弓弦的横向凹槽。到西汉时期，这种经过演变的韘，器身基本变成了扁平椭圆形，中孔渐小，器身一侧或两侧出现了繁缛华丽的纹饰，成为我们今天见到的韘形佩。西汉中期以后，作为实用器的韘消失了，而韘形佩作为装饰器一直发展到魏晋时期。韘形佩在两汉时期尤为盛行，由于这类玉佩的外部轮廓很像心形，在考古发掘报告中也常称它为"心形佩""鸡心佩"。

在长期的发展过程中，韘形佩在基本样式的基础上，还演变出了很多新的形制。有的两侧附饰向上延伸在顶部相连，附饰夸张，韘形难辨。有的在心形主体外有附饰围绕一周，成为韘、璧结合的样式，如果忽略中间的心形主体，看起来就好似精雕细琢的玉璧。还有的韘形佩附饰更为夸张，以致玉佩主体与附饰图案基本融为一体,附饰还逐渐摆脱了平面化的限制,向立体化发展。

玉韘形佩体量虽小,却以纹饰取胜,它集汉代艺术风格特征于一身,纹饰丰富,富有动感。这件韘形佩的两侧附饰多采用云纹,整体呈现了大大小小流畅的曲线,使纹饰多变而富有韵律和动感。在整体布局上,这件玉韘形佩摒弃了单纯而稳定的对称布局,采用了不对称的构图。可以看到韘体两侧纹饰的占比明显不同,重心偏移,使器物产生了斜倾的动势。但纹饰之间又相互顾盼呼应,在动态中寻求到了新的平衡,使器物整体少了庄严、宁静,多了生动多姿又稳定和谐之美。这种设计在汉代玉韘形佩中较为多见。此外,韘形佩的纹饰精美还有一个突出的特点是源于汉代高超的透雕镂空技艺。汉代玉器透雕、圆雕、浮雕、细线阴刻等雕琢技术发达,尤其是透雕镂空技艺,别出心裁,在片状或扁体状玉雕件上,保留实体物像部分,而将纹饰部分进行局部或全部镂空,使形象轮廓更加鲜明,纹饰更富于层次感。这件玉佩经透雕镂空之后,呈现出了玲珑剔透,活泼流动的艺术效果,为玉佩增添了一份空灵之感。

从这件玉韘形佩身上已很难找寻到远古玉器的神秘威严之感,而更多的是强调写意与写实融合的清新风格,透着温和的生活气息和情调。它体现着汉人的审美情趣,在蓬勃进取的时代精神下,追求气势与力量之大美,又能理性地感悟生活,品味浪漫夸张、自由灵动的小趣味。

白玉舞人佩
『双袖飞去逐惊鸿』的汉代艺术家写真

白玉舞人佩是两千年前舞蹈艺术家起舞至精彩处的定格。面带微笑，身着束腰曳地长裙的两位艺术家，运用绸带千变万化，勾勒出一抹飞虹掠过头顶，瞬息万变，扑朔迷离的形态韵律。

　　白玉舞人佩，成对出土，均为白玉，整体扁平片雕。玉舞人五官、袖口、裙摆等部位采用透雕和阴线琢有弯转的线条和卷云纹，曲线优美，曼妙灵动。人物的服饰、表情刻画自然流畅，细致入微，简洁而富有感染力，生动再现了舞者欢乐的情感。玉舞人头顶和裙底均有细孔，用于穿系、结缀，反映出此时配饰玉在继承先秦风俗的基础上发展了自己的特色，即力求实用与美观兼而有之。其超越人体实际比例的长袖之长与折腰之细产生鲜明对比，将女性的柔美与舞蹈的动感进行了完美的融合，彰显了汉代洒脱、自信、雄浑的艺术特点。

　　看到这对舞人佩，不禁让人想起俗话说的"长袖善舞，多财善贾"。

白玉舞人佩

西汉（前206—25）
高4.6厘米，宽2.5厘米
1986年河南永城芒砀山出土

古人认为舞蹈与礼直接相关，狩猎成功要跳舞，丰收要跳舞，祭祀神灵要跳舞，驱病逐魔要跳舞……舞蹈中的每一个动作不但表现人体动态艺术美，也表达着舞者的思想内涵，寄托着舞者的情感。长袖舞是我国古代最具代表性的舞蹈表现形式之一，占据了中国古典舞蹈中不可替代的重要位置。史料记载，长袖舞出现于两周时期。西周制定的雅乐舞分《六舞》和《小舞》，其中《小舞》中有《人舞》，具体描述是"不执舞具，徒手而舞，以手袖为威仪，用于祭祀星辰或宗庙"。长袖舞作为表演性舞蹈，出现于春秋战国时代的楚舞，其特点是袅袅长袖、纤纤细腰、飘绕萦回的舞姿变幻莫测，如浮云，似流波，为观舞者营造出虚幻飘逸之美。秦朝的统一，不仅仅是书同文、车同轨，多姿多彩的七国文化及其他表演艺术的汇集，为汉代文化艺术大发展、大繁荣奠定了基础。

汉代政治稳定、集权统一、经济繁荣，都为汉代乐舞艺术的自由蓬勃发展提供了土壤，特别是丝绸之路的通畅使得西域乐舞、杂技、幻术和边疆少数民族舞蹈传入，促进了舞蹈活动的普遍性发展，乐舞百戏等表演艺术水平大幅度提高，此时的长袖舞十分丰富，几乎是无舞不舞袖。形成我国舞蹈历史上的第二座高峰，出现了著名的乐舞和舞人。《汉书》中载：武帝刘彻的爱妃李夫人亦"妙丽善舞"而博得武帝宠爱，汉成帝的赵皇后"学歌舞，号曰飞燕"。长袖舞这一条重要的、生生不息的大河支系贯穿我国古今，经历了改朝换代，至20世纪80年代，一脉相承的长袖舞以"水袖"之名作为古典舞身韵的训练体系正式建立，古典舞形态的美，神态的情，劲道的掌握，韵律的变幻在舞袖的变化中彰显无遗。

白玉舞人佩是两千年前舞蹈艺术家起舞至精彩处的定格。面带微笑，身着束腰曳地长裙的两位艺术家，运用绸带千变万化，勾勒出一抹飞虹掠过头顶，瞬息万变，扑朔迷离的形态韵律，将飞扬瞬间的舞姿造型和流畅的步伐完美结合，表现出翱翔天宇的意境，寄托了人类希冀与向往，留给两千年后的我们"唯愁握不住，飞去逐惊鸿"的审美意象和意境。

水袖

水袖源自于中国古代舞蹈艺术。宋元以降，戏曲艺术的繁荣发展过程中，继承并发扬了长袖舞的精髓，水袖便成了戏曲艺术中一种独特、鲜明的风格和形态。水袖的姿势有数百种，不胜枚举。如：抖袖、掷袖、挥袖、拂袖、抛袖、扬袖、荡袖、甩袖、背袖、摆袖、掸袖、叠袖、搭袖、绕袖、撩袖、折袖、挑袖、翻袖等等。水袖的修长、多变通过身体的表现力加上水袖的技法，来表现人体形态和思想感情，为观众呈现出行云流水般的美感。

缀玉瞑目

显赫的面罩

我们从缀玉瞑目和玉衣繁复、精良的制作工艺上，不难看出，它们的制作耗资巨大，凝聚了无数工匠的点滴心血，古人的这种虔诚之心和坚韧耐力着实令人惊叹和钦佩！

　　缀玉瞑目，是一种在死者面部覆盖的缀有玉石片的帛绢面幕，为古代贵族墓葬中常见的葬玉。这组虢季缀玉瞑目出土于三门峡虢国墓地，发现于墓主人的面部，出土时多错位，但面目轮廓尚可分辨。墓主人虢季为一代国君，随葬器物丰富，墓制严格遵循了西周的宗法礼制。该瞑目由58件玉饰组成，其中14件形同人面部器官形状的厚玉片，分别置于墓主人的印堂、眉、目、耳、腮、胡须、鼻、口、下颚处，合成人的五官七窍。另外44件薄玉片，多为三角形、梯形或不规则形，玉片有序地在面部外侧环绕两周，组成了面部轮廓。此外，每件玉片下面都有一至三颗红色小玛瑙管形珠，计68颗，连缀于布帛上，它们的用处应该是将玉片连缀于

缀玉瞑目

西周（前1046—前771）
1990年河南三门峡虢国墓地M2001出土

瞑目上时用来打结固定的。缀玉呈片状，约厚 3 毫米左右，每片缀玉上均有穿孔，从个别缀玉开孔处残存痕迹判断，当初缝缀缀玉时曾使用红色丝线。有的缀玉片背面，还残留有少许织物痕迹，应该是当时衬托缀玉片的衬底残余。

组成缀玉瞑目的这些玉片，由新疆和田青玉制成，由于墓内填土或积水的长期侵蚀，绝大多数因受沁呈现黄白色、灰白色或土黄色，只有少数部分可以看出原冰青色。玉片大多数是用旧玉器改制而成的，部分玉片上还保留有原玉器的局部纹样。如双眉的正面留有回首凤鸟纹，左耳尚保留有部分盘体龙纹，右须保留有包括一双"臣"字目在内的部分他器纹样。瞑目下颌为一件玉璜，上面饰有变体龙纹，两端及外缘有齿棱，制作精美，比例匀称，具有较强的装饰效果。

这组缀玉瞑目是我国首次发现的"瞑目"造型，结构完整、形制规范、工艺考究，为我们探讨西周时期的殓玉制度提供了珍贵的实物资料。在周代的丧葬礼俗中，十分重视对死者头部的袭殓。《仪礼·士丧礼》中有记载："商祝掩瑱（音填）、设瞑目……"东汉郑玄注曰：掩乃以布裹首，瑱是以物塞耳，瞑目则是一块黑面红里且中间充以丝絮覆盖在死者面部的织物。因为眼睛在人的五官中最为重要，因此这种覆面的织物在西周时被称为"瞑目"，之后也出现了"覆面""面衣""面罩""面巾"等别称。缀玉瞑目属葬玉，也就是为下葬而做的、用于殓尸的玉器。葬玉有的置于墓主人身体部位，如玉覆面、玉琀、玉握、足端殓玉、身体周围的玉璧等，有的为饰棺用玉，祭祀用玉。这些随葬玉器不仅体现了生者对亡者的尊重，它还有一个主要功用，就是防止尸体腐烂。古人认为天然的玉石凝结了天地精华，只要把玉器覆盖在尸体的表面便可以保护尸身不朽，使魂魄化气升天。

缀玉瞑目最初起源于周共王时期，西周晚期和春秋、战国最为流行。西周时期缀玉瞑目的使用有着严格的制度，仅出现于高级贵族墓葬中，中低级贵族和国人是不得使用的。在三门峡虢国墓地发掘的 200 多座墓中，仅出土了 3 套缀玉瞑目。进入东周时期，缀玉瞑目的使用开始趋于平民化，尤其是春秋晚期以后，缀玉瞑目的礼制意义逐渐弱化，在各个等级的墓葬中均有使用，造型也发生了变化，玉件的配置有繁有简，一些地区的低等级墓葬或平民墓中还开始使用石片拼组而成的缀石瞑目。战国末期，缀玉瞑目的使用日趋衰微，这与玉衣的出现和盛行有关。迄今我国已在山西、陕西、河南、江苏、湖北、山东等省出土从西周到西汉的缀玉面罩 40 多副。

据专家考证，缀玉瞑目与汉代玉衣有一定的承袭关系，是玉衣的雏形。玉衣是汉代皇帝和高级贵族死后专用的殓服，将数以千计的玉片，四角穿孔，根据亡者等级，选择用金丝、银丝、铜丝或丝带连缀一体，按照人体部位分别制成头罩、脸盖、上衣、袖、手套、裤和脚套等，被称为金缕玉衣、银缕玉衣、铜缕玉衣、丝缕玉衣等。玉衣中的"脸盖"，将多个玉片连缀覆于死者面部，鼻部造型立体突出，其功用、材质和制作方法与缀玉瞑目有一定的相似之处。

谷纹玉璧

羽化升仙的美好向往

这件玉璧上的谷纹是战国至汉代玉璧上常见的纹饰，形似谷粒，谷粒自然饱满，抚摸有扎手感，制作难度更大，立体感更强。

平粮台位于淮阳县城东南 4 公里的大朱庄西南地，台高 3 至 5 米，面积百余亩。此台是一座龙山文化古城址，古城废弃后成为战国、两汉的墓葬区。1979 年至 1980 年，考古工作者在平粮台清理了一批战国、两汉墓葬，其中以十六号战国楚墓形制最大，出土遗物也较为丰富。根据墓葬的规模、形制和随葬的陶九鼎、编钟、编磬以及大量精美的玉器来看，墓主人生前的身份较高。该墓出土玉璧 4 件，出土时分别置于墓主人的头部、胸部和足部，其中以河南博物院收藏的这件谷纹玉璧最为精致。它为青玉，部分泛褐黑色，体呈扁圆形，中间一孔，两面纹饰相同，内外边装饰弦纹一周，中间满饰谷纹。

谷纹玉璧

战国（前475—前221）
直径7.6，孔径2.7，厚0.45厘米
1979年河南淮阳平粮台出土

谷纹玉璧局部

玉璧是我国古代玉器中重要的也是流行时间最长的一种器物，它从新石器时代晚期出现以来，历经商周、汉直至明清。关于玉璧的定义，中国古籍中多有提及，《说文》释："璧，瑞玉、圜也。"《尔雅·释器》记载："肉倍好，谓之璧；好倍肉，谓之瑗；肉好若一，谓之环。"所谓"肉"，就是指璧的边郭，"好"是指璧中间的孔，"倍"是大于的意思。古人根据中央孔径的大小将这类片状圆形玉器分为璧、瑗、环三种。但从出土的大量玉器实物来看，符合这个标准的却寥寥无几。玉料在古代是十分珍贵的，玉器往往就料而设计，璧孔或环孔掏下的玉料也还要被设计成其他玉器，而匠人在琢玉时为了严格的好、肉之比而浪费玉料的可能性不大，因而"肉倍好、好倍肉、肉好若一"的说法可能只是当时学者对玉器的一种理想化的界定。今天我们习惯于把边宽大于孔径的扁平圆形玉器统称为"玉璧",反之将孔径大于边宽的玉器称为"环",至于"瑗"这种名称已较少使用了。

玉璧有多种用途。根据《周礼·大宗伯》记载:"以玉作六器,以礼天地四方,以苍璧礼天,以黄琮礼地,以青圭礼东方,以赤璋礼南方,以白琥礼西方,以玄璜礼北方。"说明玉璧可以作为礼仪用器,祭祀上天。据研究发现,早在新石器时代玉璧就已经被赋予了神秘的礼器色彩并成为人们身份地位的象征,一直到清代,皇帝仍以玉璧作为祭天之物。玉璧也作觐见、馈赠之用。历史上著名的"和氏璧"最初就是楚国的国宝,之后楚国将此无价之宝馈赠给了赵国,秦国垂涎和氏璧,欲用计抢夺,智谋双全的蔺相如最终保护和氏璧完好回到了赵国,才有了广为人知的"完璧归赵"的典故。玉璧也用于建筑装饰、佩饰、随葬等。从战国到汉代,墓葬中发现的璧的用途大致有三种:佩饰、饰棺、敛尸。玉璧出土时镶嵌或悬挂在头端棺板上,或是放置在墓主人头部的,这类璧主要是为死者灵魂升天提供通道,被称为"升天用璧"。而在墓主人身体上下和周围放置的璧为"殓尸用璧",主要为了使尸体不朽。这就是为什么在一些高规格的墓葬中墓主人周身上下放置多件玉璧的缘故。平粮台战国楚墓发现的 4 件玉璧也是置于墓主人的身体周围,可见当时人们受道家思想和神仙思想的影响,对死后身体不腐,羽化升仙充满了美好的向往。

这件玉璧上的谷纹是战国至汉代玉璧上常见的纹饰，形似谷粒，饱满凸出，排列整齐。谷纹制作时，先要以管钻工具钻出圆形外形，再打蒲格，后以小铊具修成谷粒形象。常见的谷纹纹饰有两种，一种谷粒轮廓以阴线勾勒，表面能清晰地看出那道旋转的阴刻线。另一种将表面阴线修饰掉，纯为谷粒旋涡状，谷粒自然饱满，抚摸有扎手感，制作难度更大，立体感更强。

古人为什么要在玉璧上雕琢大量的谷纹？谷纹有什么特殊的含义吗？关于玉璧上谷纹的含义，目前学者们仍有不同见解，但均有合理之处。有的观点认为谷纹本身并没有多少文化含义，是由春秋时期抽象的龙纹解体演变而来的一种装饰性纹饰。吴棠海先生在讲义《古玉的制作工艺与鉴赏》中也提到，"春秋晚期之后，虺龙纹的意象渐次消失，变成相互错杂的云谷相杂纹，此种纹饰风格一直延续到战国早期，开谷纹、云纹等规律纹饰的先河。"有的学者则认为谷纹与人们的生活息息相关，是模仿真实谷粒形象的纹饰，表示粮食的重要性，并带有祈求五谷丰登的含义。《周礼·春官·典瑞》："谷圭""谷璧"注："谷，善也。其饰若粟纹然。谷，所以养人。"有的学者还认为"谷"有"生"之义。《诗经·国风·王风·大车》中有"谷则异室，死则同穴"，《后汉书·张衡传》"发昔梦于木禾兮，谷昆仑之高冈。"在注中都提到"谷，生也"，因此推断谷纹表达的也是一种生命长存、尸体不朽的希望。第一种观点体现了纹饰演变的规律性，使谷纹有源可寻。后两种观点则取"谷"生长、生机、活力之意，寄予了古人对美好生活和生命的崇敬、向往和眷恋。从这个角度再去欣赏这件谷纹玉璧，似乎原本精美灵动的玉器上又增添了一丝涌动着生活气息的暖意。

<h2>小双桥朱书文字</h2>

小双桥朱书发现于郑州小双桥遗址，是用朱砂作颜料书写于陶缸表面，虽然不多，却保存完好，从这些文字的字形、笔画、结构等分析，与甲骨文、金文属于同一体系，明显早于甲骨文和金文。目前发现的朱书文字的内容可分为三类：一是数目字，有二、三、七等；二是象形文字；三是其他类。其中象形文字占有很大比例。有专家将这些朱书象形文字和甲骨刻辞或青铜器铭文记载氏族相互印证，认为有些象形文字具有徽记意义，为族氏的标记。而朱书文字中的数目字，则可能是用来表示举行祭礼时祭器陈列的位置次序。小双桥朱书文字的发现至少将汉字使用的历史向前推进了100年，对于研究中国古文字的起源与早期发展有着重要意义。

虢国联璜组玉佩

山川精英中凝聚的文明

温润如玉、亭亭玉立、冰清玉洁……穿过2800多处沉寂的黑夜，虢国联璜组玉佩，伴着环佩叮当再现于世。一阕华彩的诗章，一泓似水的月色，震撼着每一个面对它的人。

在中国人的词汇中，玉总是被赋予最美好的象征。随着中国考古发掘中大量玉器的出现，反映出它在先民心目中被神秘化和人格化，成为中华文明独特的物质标徽，构架起八千年文明发展的历程。

1990年河南三门峡发现了虢国墓地，几千件玉器的出土以其精美绝伦的工艺和巧夺天工的制作震惊世界，连续两年被评为全国十大考古新发现。最先发掘的是这座2001号墓。揭开棺盖后，工作人员发现炭化的毛毡下，露出的是密密麻麻令人眼花缭乱的各种玉器。墓主人面部覆有五官及须发齐备的玉面罩，另外他的颈部、肩部、胸部、背部及骨盆两侧都有玉璧，而且还手中握玉，脚下踩玉，甚至连脚趾间都分别夹有玉，充分展

虢国联璜组玉佩

西周（前1046—前771）
1990年河南三门峡虢国墓地出土

联璜组玉佩出土情形

示了先民生前佩玉，死后随葬的浓厚爱玉之情。其中最引人注目的是挂于墓主人颈部的七璜联珠组玉佩。

玉佩主体是七件从小到大依次递增的玉璜，两侧由蓝色琉璃珠、红色玛瑙珠连缀起来，上方与一组玉管和玛瑙珠组成的项饰相连，挂于颈部，经胸、腹一直垂至膝盖。玉佩枢纽是颈后的人龙纹玉佩，长4.6厘米，宽3.7厘米，厚0.5厘米，玉佩受沁呈灰白色，正面上鼓，背面略凹，中部有一圆形穿孔，正面采用双阴线刻画出连体双首龙纹，龙首分别朝向两端，一龙有弯曲桃形耳，一龙长角獠牙、怒目圆睁，雕刻刀法细腻，呼之欲出。组玉佩的中心由7件玉璜组成，自上而下，大小依次递增，连接玉璜的是左右对称的12件红色圆形玛瑙管、117颗红色玛瑙珠与108颗蓝色料珠。组玉佩出土时摆放有条不紊，7件玉璜均为优质青白色新疆和田玉，表面有尖尾双龙、缠尾双龙和人面双龙三种纹饰。其中的人面呈侧视状，长发飘逸、丝丝顺畅，耳、鼻、目俱全。龙纹有的用单线勾云纹，有的则饰重环纹，线条流畅，构图精美。这是目前所能见到的周代组玉佩中连缀方式最为规范、形制最为完备、颜色最为亮丽的组玉佩。

七璜联珠组玉佩结构复杂，但形式有序，是中国"礼"的体现。西周时的"礼"之本义还在于"和"。如《逸周书度训解》："众非和不聚，和非中不立，中非礼不慎，礼非乐不履。"组佩中众多饰件之间的有机结合，也是这种"和""中和"思想的体现。《周礼·春宫·典命》中的记载："上公九命为伯，其国家、宫室、车旗、衣服、礼仪皆是以九为节。

侯伯七命，其国家、宫室、车旗、衣服、礼仪皆为七节"。虢国国君为侯一级，组玉佩用璜件数为七，"皆为七节"。它兼具礼仪与装饰功能，是主人朝觐天子、行聘礼或在祭仪、礼乐等重大事件中所用。《礼记经解》记载"行步则有环佩之声"。西周贵族还要保持"行步有佩玉之度"，佩者的步伐与组佩的摆动也要相和谐，获得视觉和听觉审美兼而有之，以表现出佩戴者仪态与风度之美。爱玉尚玉之风不并非仅限于贵族，作为民族文化的重要组成部分，西周平民同样用玉，由于经济条件及礼制的限制，虽比较简单，却也仍不失其精神之美。《诗·卫风·木瓜》中就有"投我以木瓜，报之以琼琚；投我以木桃，报之以琼瑶；投我以木李，报之以琼玖"，琼琚、琼瑶、琼玖都是美玉。

七璜联珠组玉佩色泽鲜艳，瑰丽高雅，可以想象一代虢国诸侯王佩戴着七璜联珠组玉佩，和着庙堂上雅乐节奏，踱着方步，玉佩摆动，环佩叮当，那是何等雍容华美。它承载着中华民族对美的追求、对生活的热爱，更以玉器的温润无瑕，比之于君子的完美品德，以玉器的高贵圣洁，象征贵族的权力地位，折射出博大精深、源远流长的中国玉文化。

虢国墓地出土的玉器再次证明了中华民族爱玉、尚玉之风由来已久。8000年前，生活在中华大地的先民，从翻土、伐木的生活历练中，认识到玉是美而不朽的石头，并将玉琢磨成圆璧和方琮，甚至雕刻，凭此与天地沟通。随着社会进步，儒家学说兴起，玉被赋予君子之德，饱含着中国传统文化精髓中的仁、义、智、勇、洁，展现了华夏民族敬天法祖的宗教理论和格物致知的治学传统。

穿过 2800 多处沉寂的黑夜，智慧的灵光伴着环佩叮当再现于世。虢国联璜组玉佩，一阕华彩的诗章，一泓似水的月色，震撼着每一个面对它的人，让我们重新认识了中华文化的丰厚底蕴和永恒魅力。

觿

"觿"（音同西）是在附饰由平面化向立体化变形中，韘形佩结合了另外一种小巧的实用器"觿"，形成了韘和觿合体的样式。觿这种工具，弯曲呈锥形。《说文·角部》记载，"觿，佩角。锐端可以解结。"觿的起源很早，一般认为原始的觿是由动物的獠牙或质地坚硬的一端尖细的弯形骨角充当，后来才出现人工制作的骨质与玉石质的觿。早期的觿是成人或已婚少年佩在腰间用于解结的工具，之后在演变过程中淡化了实用功能，更多的用于装饰，也被喻指佩戴者具有"解烦治乱"的解决问题的能力。汉代玉觿出土物十分丰富，一些高规格的王室贵族墓、诸侯墓葬中常见此类随葬器物，汉以后玉觿渐趋退出了历史舞台。一般韘觿合体的玉佩形体较为狭长，中孔较小，一侧附饰上端延长呈尖状，这个尖状部位便是觿解结的关键所在。韘觿的结合，浑然一体，设计精巧，展现了古人的聪明智慧和生活情趣。

盘龙石砚

补充史书的文房用品

盘龙石砚共有铭文45字，所包含信息相当丰富，弥足珍贵，囊括了帝王年号、年月干支、砚主人官阶、俸禄职秩、祈冀吉祥语等，为专家确定墓主人身份、绝对年代提供了弥足珍贵的证据。

盘龙石砚，砚通体呈灰褐色，扁圆形，由砚盖、砚座两部分组合而成。砚盖用高浮雕法雕出六条相互攀缠的飞龙，六龙首共戏一珠于砚盖正中，组成一个珠宝样盖钮，上面阴刻一"君"字。砚盖边沿及砚盖外侧饰以圈纹和波浪纹。砚面平滑，一侧有椭圆形墨池，砚座外侧饰莲花纹，砚座底部呈向下的弧形，刻有铭文"五铢"。砚座下有三个兽形支足承托砚体。砚面与砚盖扣合处，刻有隶书铭文"延熹三年七月壬辰朔七日丁酉君高迁刺史二千石三公九卿君寿如金石寿考为期永典启之研直二千"，加上石砚底部和砚盖六龙之间的"君"字，盘龙石砚共有铭文45字。

文房四宝之一的砚台是由原始社会的研磨器演变而来的，到战国晚期

盘龙石砚

东汉（25—220）
高12厘米，直径32厘米
1978年河南濮阳南乐出土

至秦代，砚台的形式比较简单，盘龙石砚是目前发现有明确纪年年代最早、最精美的砚台，无论从材质造型还是图案都可称上乘之作。蓝黑色的砚盖细腻坚硬，色泽光亮，高浮雕六条龙相互盘绕，龙有翼且龙翼上刻饰羽毛，龙足刻爪趾。六条龙被一周波浪纹拥簇，龙首共攒一珠，成六龙戏珠之势，簇拥着盖钮正中的"君"。盘龙石砚的主人，把宝珠比喻为至高无上的圣物，吸引六龙齐心向往，寓意君临苍穹，万邦安宁。它采用高浮雕、浅浮雕、阴刻、阳刻等多种雕刻技艺使六条龙乘风破浪，呼之欲出，蜿蜒盘曲的龙身、龙尾，强健粗壮的趾爪簇拥宝珠奋力腾飞。作为支足的三只怪兽面部表情怪异，双目浑圆凸出，张口吐舌，两耳直立，两爪按扶膝部，一副使出浑身解数、奋力承托石砚之态。高度夸张的形体姿态、粗犷有力的刀法无不表现出一种愤张的力量，一种雄浑质朴的气势，一种强烈的动感与迅疾的速度。这种力量、速度与气势之美正是泱泱大汉帝国时代风貌的完美写照。

石砚是一次抢救性考古发掘时发现的。1978年，春濮阳南乐县社员们在平整土地时，意外发现一座古墓，当时的安阳地区文管会配合农田基本建设对这座古墓进行了发掘清理工作。该墓为砖石结构，由墓道、墓门、甬道、前室、中室、主室和四个耳室组成，总面积400多平方米，很像是今天的豪宅，其规模和随葬品数量在豫北地区少见。尽管在甬道处发现了三个盗洞，但仍出土各类文物148件，陶器居多，另有一件金银镶嵌的铜带钩、铜刀、五铢钱等，最引人注目的就是这件位于墓中室的盘龙石砚。

盘龙石砚及其所属墓葬也是汉代事死如生思想最直观的表现。从墓穴建造的形式来看，堪称另外一个世界的三进院落，厅堂、厢房俱全，其规模、气势绝不输于汉代官宦人家的深宅大院。从随葬品来看，除了必备的日常使用器具以外，就是主人生前实用之物，比如金银镶嵌的铜带钩和盘龙石砚。就石砚本身来看，设计构思颇具匠心，棕褐色的砚座象征大地，蓝黑色的砚盖更似苍穹，"君"在中间，正是主人追求天人合一的思想反映。石砚上留存有墨迹，可见墓主人生前使用过这方石砚。石砚是作为随身用品陪葬的，为的是主人能够在比生前更理想、更美好的厅堂院落里继续使用心爱之物。

　　盘龙石砚铭文大概内容是主人高迁刺史，俸禄两千石，为庆祝高升，制作此砚，希望自己能够长生不老，永远能够享受朝廷恩赐，落款时间是延熹三年七月七日。石砚铭文所包含信息相当丰富，弥足珍贵，囊括了帝王年号、年月干支、砚主人官阶、俸禄职秩、祈冀吉祥语等，为专家确定墓主人身份、绝对年代提供了弥足珍贵的证据，这样的石砚至今为全国范围内的首例。关于盘龙石砚的主人，从石砚的铭文中可获悉他是一名官员，在东汉延熹三年，即公元 160 年升职为刺史，享受国家俸禄二千石。专家将出土器物组合、结合墓葬地望和文献记载考证，确定石砚的主人是东汉宦官具瑗。墓主人到底经历了什么样的历史事件而葬于河南濮阳？石砚还让我们认识了一位在史书中提及很少的人物，并帮助我们阅读历史文献时最大限度还原历史真相。

盘龙石砚砚盖

　　《后汉书》中记载，东汉时期，有一位权臣叫梁冀，官至大将军，执掌国事。梁冀大权在握，胡作非为，作恶多端，上欺皇帝，下压百官，飞扬跋扈。公元 146 年梁冀毒死九岁的汉质帝，让 15 岁的刘志称帝，就是汉桓帝。刘志是依靠梁冀才当上皇帝的，十多年中，官员被任命，都必去拜见梁冀，而无须朝见桓帝。汉桓帝日常的起居，也必须每天报于梁冀。桓帝的皇后是梁冀的妹妹，曾恃势毒死了许多妃嫔，因桓帝喜爱妃子梁猛女，便派人刺杀梁猛女的母亲长安君，对梁冀的种种恶行，只能是忍了又忍。公元 159 年，梁皇后驾崩，已经 28 岁的刘志再也无法忍受梁冀如此跋扈，决定除掉梁冀，摆脱其尴尬的境地。遂与单超、具瑗、唐衡、左悺、徐璜五个宦官歃血为盟，周密策划，调动羽林军千余人，以迅雷不及掩耳之势包围了梁冀的住宅。梁冀与其妻畏罪自杀，其家族成员及党羽宾客大多被杀。具瑗等五人因诛杀梁冀有功，在一日之内同被封侯，食邑自二万户到一万三千户不等，时人并称"五侯"。可是在以后的几年中，这五位宦官任人唯亲，具瑗的哥哥具恭当了沛国的国相，依仗其权势，排斥异己，为所欲为，以至于汉桓帝渐渐感觉到自己的皇权受到威胁。延熹八年（165），一个叫韩演的大臣奏称具恭贪污，桓帝借机下诏贬具瑗为都乡侯，单超、唐衡等人纷纷遭贬，五侯专权告一段落。

《后汉书》中只记载了具瑗任中常侍，以及助桓帝铲除外戚、被封侯、作恶专权的史实，没提到其他职务，"高迁刺史"的铭文起到了补充史书的作用。

刺史

刺，检举不法的意思；史，皇帝所派。刺史制度，作为汉代中央政府对地方政府所实行的一种较为完备、系统的监察制度，是对秦代监御史制度的继承。汉武帝把全国划分为十三州部，每州为一个监察区，设置刺史一人，负责监察所在州部的郡国。刺史巡行郡县，以"六条"问事。一条，强宗豪右，田宅逾制，以强凌弱，以众暴寡。二条，二千石不奉诏书，遵承典制，倍公向私，旁诏守利，侵渔百姓，聚敛为奸。三条，二千石不恤疑案，风厉杀人，怒则任刑，喜则淫赏，烦扰刻薄，剥截黎元，为百姓所疾，山崩石裂，妖祥讹言。四条，二千石选署不平，苟阿所爱，蔽贤宠顽。五条，二千石子弟恃怙荣势，请托所监。六条，二千石违公下比，阿附豪强。通行货赂，割损正令。可见汉代刺史俸禄不高，但管理内容几乎对地方政事无所不包。

金棺银椁

佛真身的象征

金棺银椁的出现，源于佛教信徒对佛祖释迦牟尼的信仰和崇拜。在中国人心目中棺椁意味着存放遗体之物，佛骨舍利置于金棺银椁之中，能够满足信徒对佛祖真身顶礼膜拜的渴望。

金棺，金板制成，色泽纯正，含金量超过96％，重620克。金棺造型精致，纹饰精美。底板四周外斜，前后左右对称。前档高出两侧的棺板处有一个三面形装饰，棺盖造型取材四阿式屋顶，兽脊、瓦垅俱全，从正脊两端的吻兽处用金丝连接在前档上方。前档錾有方框，框内錾刻两尊持剑站立的护法神像。金棺后档镌刻铭文6行25字"维摩院僧赵过观音院僧惠应龙山院僧仪朋张谷打造人赵素"。左右两侧棺板雕刻释迦涅槃图，它是佛教艺术中一种古老而又常见的题材。金棺上饰刻的佛祖表情安详，慧眼微闭，怡然自若，慈悲宽怀，弟子群集于卧榻四周。无论是佛还是弟子人物造型，具有典型的中原人体貌特征，体现出浓厚的中国本土文化。棺顶为八棱形，

金棺

宋（960—1279）
重620克
1988年河南南阳出土

银椁

宋（960—1279）

残长40厘米，宽20厘米，高260厘米

1988年河南南阳出土

盖顶刻凤鸟一对，各衔牡丹花一枝，颈部弯曲，作展翅飞翔状，双凤周围以麻点纹组成 11 组卷草纹以填补空白。金棺的棺板及棺底均凿有圆孔，由金丝穿结为一体，再扣合棺盖。金棺内放置佛骨一件和一圆形银盒枚，银盒内有佛牙一枚。

银椁，底座稍残，长 40 厘米，宽 20 厘米，高 260 厘米。银椁形制仿木建筑，两侧椁板前高后低，上部铸造出仰莲一周，下部铸造出覆莲一周。束腰部位有壸门 12 个，左、右两侧各 4 个，前、后各两个。椁床上部四周有精致的围栏，围栏下透雕着卷草、牡丹栏板。椁前方有仿木结构的门楼建筑，门楼有两根方形檐柱承托椁顶，椁顶除铸有兽脊，压印有瓦垅、瓦当、滴水、檐板等，檐下有仿斗拱构件。门楼下还竖立风字匾，匾额上有楷书铭文两行 20 字"诸法徒因生如来说是因彼法徒缘灭大沙门所说"，前档和后档边包在两侧的椁板上，有圆形铆钉铆合。后档的上部与前档相同，表面刻有仿木结构的四阿式屋顶建筑，兽脊、瓦垅俱全。椁内左侧椁板表面压印凸起，铭刻龙兴寺僧惠谈、惠宣、永宁等 12 人和（邓州）开元寺僧守文、可惠、德崇等 13 人的法号；右侧椁板有施上 28 人的姓名和女弟子皇甫氏、李氏、黄氏、杨氏等。

佛教弘法僧人不辞辛劳，奔赴亚洲各地传播佛教文化，为保证长途旅行安全，采取了与商队结伴而行。丝路漫漫，数月长途跋涉，朝夕相处，不乏商队成员受弘法僧人影响，产生了信仰，从而成为传教者，不断加速佛教传播，佛教文化的繁荣与丝绸之路的发展有着密不可分的关系。出土金棺银椁的福胜寺位于河南南阳，是汉代丝绸之路上主要流通的物质——生丝的重要产地。据福胜寺塔地宫碑记记载，该寺始建于武则天年间，即公元 690 年—704 年之间，称龙兴寺。唐玄宗开元年间，七祖禅宗神会大师曾在邓州龙兴寺居住了 25 年之久，大行南宗禅法，弘扬慧能宗风。北宋天圣十年，紫衣管内僧正慧谈、北宋开国主僧和众多弟子及千里之外的诸多施主共同集资，在大悲院筹建 13 级梵塔，并将邓州龙兴寺改名福胜寺，后屡经战火毁弃。目前福圣寺仅存高 38.23 米的 7 层梵塔，塔身呈八角形高棱圆锥状，每层内、外壁面嵌砌有雕砖，内容有坐佛、菩萨、天王、力士、罗汉、伎乐、宝装莲花纹等 25 种之多。河南省古代建筑研究所在修复塔基时发现了地宫，经发掘清理，出土以金棺、银椁、舍利子瓶等为代表的 28 件珍贵佛教文物。福胜寺塔地宫出土的金棺、银椁是继陕西法门寺地宫发掘之后，我国宗教考古的又一重大发现，对于研究当时的宗教、建筑、科技、工艺美术等具有重要的参考价值。

使用金棺银椁盛殓佛尸并非中国首创，古代涅槃经典中已有明示。东晋僧人法显译注的《大般涅槃经》记载，佛涅槃后使用供养转轮圣王之法，用新净绵及细毡合缠其身内金棺中，又坐银棺，再坐铜棺，再坐铁棺。作诸伎乐歌舞赞叹，诸天于空，散曼陀罗花、摩诃曼陀罗花、曼殊沙花、摩诃曼殊沙花，并作天乐等种种供养，然后次第下诸棺盖。《佛祖统记》公元 664 年 2 月，玄奘法师令众念弥勒佛，右胁而逝，傍晚有四道白虹贯井宿直慈恩寺塔。帝哭之恸，废朝五日……敕用佛故事金棺银椁。这里"佛故事金棺银椁"指的就是用金棺银椁盛装玄奘的涅槃旧仪。

金棺银椁的出现，源于佛教信徒对佛祖释迦牟尼的信仰和崇拜。在中国人心目中棺椁意味着存放遗体之物，佛骨舍利置于金棺银椁之中，能够满足信徒对佛祖真身顶礼膜拜的渴望。换而言之，金棺银椁就是佛之真身的象征。

绞胎瓷

当阳峪窑的制瓷工艺除了剔花之外，还有一种最负盛名，便是绞胎。绞胎瓷也称"绞泥""搅胎瓷""透花瓷"，最早出现于唐代，北宋时绞胎瓷在当阳峪窑实现了大规模生产。绞胎工艺实际是将两种或两种以上不同颜色的瓷泥绞在一起，形成各种花纹。其手法有的像拧麻花一样拧在一起，有的直接拉坯成型，还有的切成片状相错叠压或作镶嵌使用，之后浇透明釉，烧制而成。经过繁琐反复的加工，坯体呈现的花纹变化万千，构思奇巧。由于泥坯绞揉方式不同，纹理变化也不同，每一件绞胎陶瓷的纹理都自成特色，纹理结构只有相似，没有相同。常见的纹饰有席编纹、麦穗纹、鸟羽纹、回转纹、木旋纹、云纹、流水纹等。绞胎工艺是陶瓷技术与艺术的完美融合，它以独特的纹理结构和色彩变化在陶瓷产品中独树一帜，堪称陶瓷精品。

贾湖骨笛

九千年前的好声音

贾湖骨笛不只是中国年代最早的乐器实物，更被专家认定为世界上最早的可吹奏乐器。它的出土，改写了先秦音乐史乃至整部中国音乐史。

贾湖骨笛，器形完整，器身钻有七孔，骨质已经石化，晶莹亮洁，美玉般熠熠生辉。经过中国著名古乐器专家萧兴华先生测音，萧先生认为骨器已经具备音阶，并请来中央民族乐团的演奏员尝试吹奏。经验丰富的演奏员仔细端详，然后竖执骨管，轻轻一吹，发出了清亮婉转、高亢空灵的声音，音阶准确，动人心魄。严格的科学实验证明贾湖骨笛不仅能够演奏传统的五声或七声调式的乐曲，而且能够演奏富含变化音的少数民族或外国乐曲。贾湖骨笛不只是中国年代最早的乐器实物，更被专家认定为世界上最早的可吹奏乐器。它的出土，改写了先秦音乐史乃至整部中国音乐史。

贾湖骨笛出土于距今 7800 年—9000 年的河南贾湖遗址，这是华夏族

贾湖骨笛

新石器时代
长23.1厘米
1987年河南舞阳出土

先民的聚居地，也是同时期最为丰富的史前聚落遗址。1984年至1987年及2001年，这里先后出土了30多支用丹顶鹤尺骨制成的骨笛，有2、5、6、7、8孔之别。30多支骨笛中，器形最完整、骨质最精美、制作最精湛、工艺水平最高、音质最优美的就是282号大墓出土的两支骨笛。

河南舞阳贾湖遗址282号墓共出土随葬品61件，是贾湖遗址中规模最大、随葬品最多的墓葬。说明9000年前，生活在贾湖一带的一个千年古部落或氏族中，282号墓的主人是有特殊地位或有过特殊贡献的，因此在新石器时代物质条件很不丰富的情况下，他的墓葬仍会有相当丰厚的随葬品。两只骨笛分别放置于墓主人左股骨内、外两侧，收藏于河南博物院的是内侧之笛。该骨笛出土时，断为三截，微痕研究发现，非入土后所损，因为专家在骨笛两处折断点的笛壁上，发现有人工钻孔，并留下了用细线缀合的痕迹。断为三截，不仅没有舍弃，而且利用当时最高的技术手段钻孔缀合。每一位凝视过这件国宝的观众也许会从它身上读到不一样的受墓主人呵护和珍视的故事，或是随主人经历过惊天动地的大事，或是其音质、音准创造了那个时代的奇迹。

墓主人左股骨外侧之笛与内侧之笛有惊人的相似之处，绝对音高只差两分，即半音的1/50。简而言之就是今天的乐器制师也必须依赖科学仪器才能确定这两分。古代乐师在保证大部分音高都保留下来的同时，改变了两个音的高度，把音阶的第六级升高，这是音乐向前发展的必然需要。墓主人腿外侧骨笛在制笛开孔前曾在骨管上打下若干个未曾穿透的钻点，其中小 7 号孔已经钻透，但由于此音略高，被废，在下方又重新开下一个正式孔。古代先民用事前计算留下的痕迹向我们讲述着贾湖骨笛由初期的五声音阶发展到中期的六声音阶，进而对七声音阶的选择过程，代表了贾湖中期音乐发展的最高水平。自此以后的所有贾湖骨笛，都留下了计算开孔位置的刻度，这说明墓中的两支骨笛完成了贾湖骨笛制作由经验型向经验加计算型的转变。这一转变，也说明贾湖先民在乐器制造与音阶选择上，已经建立起自己的要求与标准。

关于中国音乐历史起源观点，有文字可查的便是《吕氏春秋·古乐》，书中记载黄帝令伶伦作为律，伶伦自河西走廊到昆仑山之北，选取内腔和腔壁生长匀称的竹管，两竹节断节间制乐器而吹之。贾湖骨笛的出土说明 9000 年前，中原古代劳动人民就创造了骨笛，比《吕氏春秋》中记载的时代还早。虽然先民是根据什么音律标准、运用什么方式计算、利用什么工具制作骨笛，仍是难解之谜，但它的出现，奏响了人类走向文明的美妙乐音！

在上古无尽的蛮荒和暗夜里，人类感受到的是自身的渺小与卑微，能够安慰中原先民的，有眼前的火光，还有这具有沟通天地神灵的笛声。这笛声，悠扬中透着温暖，表达着中原先民与自然和谐共存的美好愿望，讴歌着自强不息、坚忍不拔的民族精神。这大概就是 9000 年前的"好声音"，想传递给我们的另一种信息吧！

四神云气图壁画

天国的畅想

四神和谐飞翔空中，云缠雾绕，莲花吉祥，灵芝献瑞，繁复而有序，再加上黑白红绿四种颜色巧妙的搭配，凝重热烈、动感十足，气势磅礴、浪漫新颖的大汉雄风赫然眼前。

　　四神云气图壁画，整幅壁画有红、黑、白、绿四种颜色，描绘了一幅青龙、朱雀、白虎、怪兽四神同在遨游云海的天国畅想图。青龙在天，龙头高昂，身躯飘逸、蜿蜒成 S 形，体态矫健，逶迤磅礴，其足酷似人足，前两足分别踏云气和翼翅，后两足分别接朱雀之尾和踏莲花，龙尾生长茎花朵；青龙之上，有攀龙朱雀一只，它嘴衔龙的鹿形之角，胫生花朵，尾接祥云而又生花朵，可谓龙飞凤舞共游天际的画面主题。龙身腾起处有一方空白，绘有攀缘而上的白虎，虎头生出一对莲花，前有灵芝、下有祥云，正仰首张口，做攀缘状，似乎欲吞灵芝，又不能排除"攀龙附凤"的意图，其脚踏云气，跃起飞腾，似欲与龙凤，同走天穹。怪兽在龙口之前，它被

四神云气图壁画

西汉（前206—25）
南北长5.14米，东西宽3.27米，总面积16.8平方米
1987年河南永城芒砀山出土

弯曲、有力的龙舌一钩而起，龙舌与鸭嘴鸟头蛇身鱼尾的怪兽躯体盘旋缠绕，似在打闹嬉戏。四神云气图中，青龙从胫到脚到尾，身上处处生莲，朱雀胫、尾生莲，白虎两耳生两莲。2000年前的艺术家似乎在通过壁画告诉我们中国神仙世界关于莲花的联想更大气、更浪漫。通观整幅画面，四神和谐飞翔空中，云缠雾绕，莲花吉祥，灵芝献瑞，生动而活泼，繁复而有序，再加上黑白红绿四种颜色巧妙的搭配，凝重热烈、动感十足，气势磅礴、浪漫新颖的大汉雄风赫然眼前。

考古工作者对壁画进行了多种科学实验，结果表明颜色与山岩石壁之间有被专家称之为"地仗层"的沙泥，是石灰、黄沙的混合物。但2000多年地仗不脱之谜，至今还没有找到标准答案。射线衍射定量分析壁画红、白、黑、绿四种颜色，红色为朱砂，白色为白云母，绿色为孔雀石，黑色为朱砂加等量孔雀石。这些颜料；都是无机矿物质，符合中国师法自然、天人合一的传统思想。

四神云气图壁画除了反映出汉代的艺术发展水平以外，同时也可从中窥见汉代社会现象和社会理念。鲁迅先生曾经说过秦汉以来，神仙之说盛行，鬼道愈炽。汉代由于统治阶级对谶纬迷信思想的提倡，升仙思想大行其道，上至天子，下至中、小贵族无不向往升仙，汉代墓葬中大量出土的高层建筑明器和各种升仙图壁画都可以说明这一点。古文献记载中也不乏统治者遍寻方士炼丹，寻求长生不老灵药的记录，汉武帝便是其中的典型，他重用李少君、李绍翁等一批又一批方士，炼丹、入海求仙、在宫殿绘制云气神仙图案、建仙人承露盘等。上行下效，随着这种思想的流行，带来了贵族们的"厚葬"之风，大兴土木，藏尽珠宝，企盼过神仙的生活。同时它也反映了汉代人的精神寄托，希望有更好、更完美的世间，那就是汉代人所谓的"仙境"。升仙总要有飞升的交通工具，于是，汉代人又创造出了沟通天地的神物，飞翔的巨龙，还有朱雀白虎怪兽，灵芝莲花祥云环绕着四神。它是古人渴望死后升天的图解，它是中国古代文化中神仙世界的模板，因此也可称之为升仙图壁画。

通过这幅四神云气图可以看到汉代人丰富的想象力和观察力。神仙世界是不存在的，是汉代人向往和追求的理想王国，无人所知这个世界是什么样，汉代艺术家凭借自己独特的思维方式，把许多现实中达不到的目标或美好事物通过抽象或假设的方法把它表达出来，并为它找到一种化身——神，如汉代流传的伏羲女娲抟土造人，桃都树和天鸡、月神、太阳神，包括该壁画中的四神等神话故事，都是这种想象力的具体体现。青龙、白虎、玉璧、灵芝、怪兽等共同构建起 2000 多年前那个时代的思想高度，四神云气图是中国神仙世界集大成者，更是一部壮丽的西汉初年中国升仙史诗。如果说 2000 多年前的艺术家创造了四神云气图壁画这一伟大的艺术品，那么今天中原的考古学家和文物保护专家则通过科学严谨的设计，本着精益求精的精神把它还原并从深山请出，依托它讲出中国故事，增强民族自信，服务于民众的美好生活需求。

甲辰贞祭祖乙刻辞卜骨

中国汉字的源头

一个世纪以来在安阳殷墟共出土甲骨文总量约15万片，"六书"原则，即"象形、形声、指事、会意、转注、假借"，这些造字原则在甲骨文中都可以找到例证。

甲辰贞祭祖乙刻辞卜骨是牛肩胛骨，正面刻字4行，均自上而下竖行，共35字。字体较大，凿刻清晰有力，笔画、转折棱角分明。卜骨背面无字，靠近骨片边缘有1行凿、灼，无钻。凿呈长方形，腹部近直线或略带弧度，头、尾平圆，这种凿是小屯南地发现卜骨中数量最多的一种形式。文字内容分为6段，大致意思是：□□日进行占卜，卜问使用侑祭、祔祭还是岁祭的方式祭祀祖乙，是否乙酉这一天进行祭典，祭祀的数量用二牢还是三牢。使用二牢祭祀，不进行侑祭。甲辰这一天进行占卜，卜问是否同时使用侑祭、祔祭和岁祭的方式祭祀祖乙。祭祀时，祭祀的数量用了二牢。

这是一片文字清晰、内容完整的甲骨文文物珍品，很难想象，在没有

甲辰贞祭祖乙刻辞卜骨

商（前1600—前1046）
残长26.5厘米 残宽19厘米
河南安阳殷墟小屯村出土

甲辰贞祭祖乙刻辞卜骨（背面）

钢铁的时代，殷商先民如何在坚硬的兽骨、龟甲上刻出如此精妙、美观的文字。每一片出土的甲骨既是极其珍贵的研究中国古代历史的第一手资料，同时也是世界上无比美妙的艺术品。甲骨文指的是商代后期刻于龟甲、兽骨上的文字。自殷墟甲骨文发现以来，曾被称为"龟甲""龟甲兽骨""龟版文""骨刻文""龟甲兽骨文字""契文""书契""贞卜文字""殷墟文字""卜辞""甲骨文""甲骨文字"等等。1921年，陆懋德提出了"甲骨文"的名称，随后，容庚、王国维、郭沫若、董作宾也都使用了"甲骨文""殷墟甲骨文字"的名称。它本是殷商王朝占卜的记录。殷商王朝是中国历史上第二个相当发达的奴隶制王朝，距今有3000多年历史。他们认为生活中的一切都要听命于神祇，并按其意旨办事。因此，事无大小，必须进行占卜，而后决定行为。占卜时首先找来龟甲和兽骨，在背面钻出圆孔或凿若干长槽，然后用火灼烧，甲骨上会出现裂开的纹路，巫师根据裂纹的形态判断吉凶，最后把过程记录在甲骨上。就目前出土的甲骨实物来看，一篇完整的占卜记录包括四个部分：叙词、命辞、占辞、验辞。叙辞记述时间、地点及占卜者；命辞，陈述要询问的事情；占辞，是根据裂纹定吉凶；验辞，是占卜后记录应验的事实。实际上所见到的甲骨文往往并不完整，这片甲辰贞祭祖乙刻辞卜骨四部分非常完整，其价值可想而知。

我们的祖先在长期的社会劳动实践中，创造了自己光辉灿烂的历史，那些浩如烟海无比丰富的典籍和文化，是依赖文字这一媒介才得以保存下来。毋庸置疑，文字的出现对推动社会的发展和进步，起着不可磨灭的作用。汉字是世界上使用人口最多也是使用最长的一种文字，它是联合国书

殷墟甲骨

写文件的法定文字之一。可是这些文字的源头在哪里？古代有仓颉造字的传说，《淮南子·本经训》中有一段文字："昔者仓颉作书，而天雨粟，鬼夜哭。"从文字本意来说，就是仓颉创作了文字，天地造化已不能隐藏其秘密了，所以上天被感动得下了一场粟雨；灵怪鬼魅已不能隐遁其形迹了，所以鬼魅被惊吓得夜间大哭。除了传说和《淮南子》的记载以外，我们现今能实实在在看到的则是甲骨文，它就是目前最早的成熟汉字。

据统计，一个世纪以来在安阳殷墟共出土甲骨文总量约15万片，我国古代文字学家根据汉字结构总结出了六条文字构成的"六书"原则，即"象形、形声、指事、会意、转注、假借"，这些造字原则在甲骨文中都可以找到例证，特别以"象形"和"指事"情况最多。所谓象形就是用曲折的笔画来勾勒客观的对象，例如日、月等文字；所谓指事就是用字的形体表明它的内在含义。比如"上""下"两字。充分说明了商代甲骨文已经是较成熟的文字。甲骨文不但数量多，而且内容丰富，几乎涵盖了包括战争、人物、祭祀、天文、疾病、农业等社会生产的方方面面，堪称商王朝的密码，像一部内涵丰富的鸿篇史书，将商代晚期的社会面貌形象鲜活地呈现在我们面前。

纵观四大文明古国文字，只有甲骨文一脉相承，经过一次次演变形成了这个星球上最美的文字——中国字。它形美如画，音美如歌，意美如诗，3000年来生生不息。甲骨文作为中国文字的起源，显示出中华文明强大的生命力，是历史的传承，文明的见证。

发现甲骨文

甲骨文的发现堪称是一段传奇。清光绪二十五年（1899）的秋天，北京学者王懿荣因患病请太医诊治。在所用中药中，无意间发现了一味叫"龙骨"的药材上刻有类似文字的东西，这使他大为惊讶。中国古代有味中药名叫"龙骨"，是远古时代象类、犀牛、三趾马等哺乳动物的骨骼化石。我国最早一部中药专著《神农本草经》里记载了"龙骨"能治咳逆、泻痢、便血、癫痫等疾病。在这种几十万年前的骨头上怎会有刻画的符号呢？这不禁引起了王懿荣的好奇。对古代金石文字素有研究的王懿荣仔细端详，觉得这不是一般的刻痕，很像古代文字，但其形状又非籀（大篆）非篆（小篆）。为了找到更多的龙骨做深入研究，他派人赶到达仁堂，以每片二两银子的高价，把药店全部刻有符号的龙骨买下，后来又通过古董商范维卿等人收购了1500多片，这位古文字专家对所收龙骨进行仔细研究分析，并对已知的金文等古文字相印证，从甲骨上的刻画痕迹逐渐辨识出"雨""日""月""山""水"等字，以及商代几位统治者的名字，从而认定它们并非什么"龙"骨，而是几千年前的龟甲和兽骨，是一种已遗失了的我国古代文字，举世闻名的甲骨文就是在这么偶然的情况下被发现了。甲骨文发现的第二年，八国联军进攻北京，慈禧和光绪皇帝仓皇逃跑，本是文官的王懿荣担任起京师团练大臣的职责，英勇抗敌，因为寡不敌众毅然投井殉国！一代爱国学者，虽然留下没到甲骨出土处、没能再做进一步深入研究的遗憾而离世，但是也留下1000多片甲骨，为后世甲骨文的研究奠定了基础，被后人尊称为"甲骨文之父"。

陶排水管道

最早的城池排水系统

淮阳平粮台古城的陶排水管道体现了新石器时代中原人民的智慧，也是人类定居生活的一大进步，它标志着排水设施从原始就地散流排水阶段进入了较为先进的规划时代。

美国电影《罗马假日》中有这么一个让人印象深刻的情节：穷记者乔·布莱德里把手伸进叫"真言之口"的石嘴中，悄悄地把胳膊抽出衣袖，再拔出袖子，装作手已被"吃掉"。他用这个小小的伎俩，打动了安妮公主的芳心。这个所谓的测谎石，不过是公元前 6 世纪古罗马时代下水道的一个出水口罢了。若论现今仍在使用、历史最为悠久的，要数古罗马的排水系统。但若论世界上最早的排水系统，那就得从河南淮阳平粮台古城的陶排水管道说起了。

平粮台陶排水管道，加沙红陶胎质，轮制而成，整体为圆式，腹部微束，一端为喇叭形敞口，另一端小口。每节长 35 ～ 45 厘米，直筒状，两

陶排水管道

新石器时代
长35～45厘米，粗端口径27～32厘米，细端口径23～26厘米
1980年河南淮阳平粮台古城遗址出土

陶排水管道侧面

端口部粗细不同，粗端口径 27 ～ 32 厘米，细端口径 23 ～ 26 厘米，管壁厚约 1.2 厘米。细端有榫口，可以套接。它不仅是中国最早的陶排水管道，也是目前世界范围内所发现的年代最为久远的陶排水管道。

河南淮阳平粮台龙山文化古城遗址，位于今淮阳县东南 4 公里的大朱庄西南，面积 5 万多平方米。该地高出附近地面 3 米至 5 米，当地人又称其"平粮冢"或"贮粮台"。1979 年秋，河南省文物局在平粮台古城遗址举办全省文物干部培训班，培训期间学员们对该遗址进行了实习发掘，发现了属于河南龙山文化的高台建筑和几段夯土墙基。1980 年，河南省文物考古研究所对平粮台古城遗址进行了大面积发掘，发掘面积共 3000 平方米，出土了丰富的文化遗物和遗迹，经国家文物局文物保护科学技术研究所碳 14 测定，该城的建设时间约为距今 4355±175 年。

平粮台古城平面为正方形，四周有用夯土筑起的城垣，已发现有城墙、城门、门卫房、陶排水管道、房基、陶窑、墓葬、灰坑等遗迹。南门两侧分别有土坯垒砌的房间，专家推测其性质应该与今天的传达室或门卫房类似。陶排水管道由三根管道组成，断面呈倒"品"字形，可容纳足够的排水量，铺设于南门路面下一条北高南低的沟渠内。沟宽、深均为 74 厘米。现存的这条管道由多节陶管道榫卯结构套装组成，每节管道都是细端朝外，套入另一节的粗端内，长 5 米有余，北高南低，有一定坡度，易于城内排水。管道周围填埋土中混杂有砂礓石块，其上是厚约 30 厘米的夯土路面。

由于古代经济以农业种植业为支柱，世界上大多数古代文明也就缘水而起——如起源于尼罗河流域的古埃及文明，起源于幼发拉底河和底格里斯河两河流域的古巴比伦文明，发源于印度河与恒河流域的古印度文明，发祥于黄河、长江流域的中华文明等等。在城出现以前，原始聚落多位于河崖等高地上，可以利用沟渠或天然河道，很方便地把自然降水和生产、生活废水迅速排入低地或河流中，这时的排水问题比较容易解决。城的出现，让排水问题变得复杂了。所以，排水设施是伴随着定居生活的出现而出现的。

中国城堡建筑是古代聚落发展的产物，集中出现于新石器时代晚期阶段，龙山文化更是大量涌现。古代城的主要职能是军事防御，所以对排水设施就提出了很高的要求，即排水设施不能影响城的防御能力。原本利用沟渠或天然河道等明渠排水的方法已经不适用了，这是因为，用明渠排水，如果将排水渠设在城墙下，必将会在城垣留豁口，这直接影响到城垣的防御功能；如果将排水渠设在大门处，则又会影响人们的出入，通行不便。城市的排水和防御功能之间出现了矛盾。平粮台古城遗址面积虽然不大，但功能完备，是一处典型的军事化城堡，生活在 4000 多年前的平粮台先民们，经过长期实践的积累，在建设平粮台古城时，就已经利用陶质排水管道，将排水设施布置在地下，妥善解决防御和交通以及排水之间的矛盾。

无独有偶，世界范围内还有一座古城稍晚于淮阳平粮台古城排水系统，那就是摩亨佐·达罗古城的排水系统。摩亨佐·达罗古城遗址位于今天巴基斯坦的信德省，是一座青铜时代的城市废墟，由宽为 7.6 米的大街分成东、西两大区。西区是城堡区，东区为居民区。遗址中所有的砖砌体建筑材料全部是毛坯砖。它属于印度河文明的中心，大约于公元前2500年建成。考古资料表明，大约在公元前1750年，摩亨佐·达罗全城四五万人全部死于来历不明的横祸，一座繁华发达的城市顷刻之间变成废墟，被彻底摧毁。这是一座堪称繁华的古城，从残留的房基来看，每户民居墙壁都非常厚，由此推断其民居形式是楼房，而且几乎每户都有浴室、厕所，以及与之相连封闭的通道或陶管，管道采用多段套接的形式排向街道，街道下有整套砖砌的排水暗沟，暗沟深为55～60厘米，沟顶覆以砖或石板。

淮阳平粮台古城的陶排水管道体现了新石器时代中原人民的智慧，也是人类定居生活的一大进步，它标志着排水设施从原始就地散流排水阶段进入了较为先进的规划时代，是人们认识自然、改造自然的伟大成就。陶排水管道的敷设，充分表现出4600多年前我们的祖先在城市建设上的创造精神。

龙山文化

龙山文化泛指中国黄河中下游地区约新石器时代晚期的一类文化遗存。铜石并用时代文化，因发现于山东章丘龙山镇而得名，距今约4350～3950年。

自龙山遗址发现以来，考古学家分别在河南、陕西、山西、湖北等地发现了这一时期的文化遗存。但因其文化面貌不尽相同，所以又分别命名为河南龙山文化、陕西龙山文化、湖北石家河文化、山西陶寺类型龙山文化，通称之为龙山时代文化。这一时期文化的最显著的特征便是城址的发现。如在山东地区，除城子崖龙山城址之外，还有寿光边线王城址，阳谷、东阿、茌平三县发现的八座城址，临淄田旺村城址等。在河南则发现有淮阳平粮台城址、登封王城岗城址、郾城郝家台城址、辉县孟庄城址等。